大方廣佛華嚴經

일러두기

1. 『대방광불화엄경 강설』 원문原文의 저본底本은 근세에 교정이 가장 잘 되었다고 정평이 나 있는 대만臺灣의 불타교육기금회佛陀敎育基金會에서 출판한 『화엄경소초華嚴經疏鈔』본입니다.

2. 『대방광불화엄경 강설』은 실차난타實叉難陀가 695년부터 699년까지 4년에 걸쳐 번역해 낸 80권본卷本 『대방광불화엄경』을 우리말로 옮기고 강설을 붙인 것입니다.

3. 『대방광불화엄경』은 애초 산스크리트에서 한역漢譯된 경전이지만 현재 산스크리트 본은 소실된 상태입니다. 산스크리트를 음차한 경우 군이 원래 소리를 표기하려고 하기보다는 『표준국어대사전』이나 『불교사전』 등에 등재된 한자음을 사용하는 것을 원칙으로 하였습니다.

4. 경문의 한글 번역은 동국역경원본을 참고하여 그대로 또는 첨삭을 하며 의미대로 번역하고 다듬었습니다.

5. 각 품마다 내용에 따라 단락을 나누고 제목을 달았습니다. 단락의 제목은 주로 청량清凉스님의 견해에 기초하였고 이통현李通玄장자의 견해를 참고로 하였습니다.

6. 『대방광불화엄경 강설』의 발행 순서는 한역 경전의 편재 순서를 기준으로 하였고 각 권은 단행본 한 권씩으로 출간될 예정이며 모두 80권으로 완간됩니다. 다만 80권본에 빠져 있는 「보현행원품」은 80권본 완역 및 강설 후 시리즈에 포함돼 추가될 예정입니다.

7. 『대방광불화엄경 강설』 안에서 불교용어를 풀이한 것은 운허스님이 저술하고 동국역경원에서 편찬한 『불교사전』을 인용하였습니다.

8. 각주의 청량스님의 소疏는 대만에서 입력한 大方廣佛華嚴經 사이트의 것을 사용하였습니다.

9. 『대방광불화엄경 강설』 입법계품에 들어가는 문수지남도는 북송北宋시대 불국佛國선사가 선재동자가 53명의 선지식을 친견하여 법을 구하는 장면을 하나하나 그림으로 그린 것입니다.

대방광불화엄경 강설
제 59 권

三十八. 이세간품離世間品 7

실차난타實叉難陀 한역
무비스님 강설

서문

보살은 연꽃과 같아서
자비는 뿌리가 되고 편안함은 줄기가 되며
지혜는 꽃술이요
계율은 깨끗한 향기로다.

부처님이 법의 광명을 놓아
그 연꽃 피게 하나니
세상의 물에는 묻지 않으며
보는 이는 모두 다 기뻐하더라.

보살은 미묘한 법의 나무라
정직한 마음 땅에서 생겨 나나니
신심은 종자 되고 자비는 뿌리 되며
지혜는 나무의 몸통이 되도다.

방편은 나무의 가지가 되어
다섯 가지 바라밀은 한없이 무성하며
선정의 잎에는 신통의 꽃이 피고
일체 지혜의 열매가 주렁주렁 맺히도다.

수승하고 굳센 힘은 덩굴이 되어
늘어진 그늘 삼계三界를 다 덮도다.

보살은 우담바라 꽃
세상에서 만나기 어렵고
보살은 용맹한 장수
모든 마군을 항복받으며

보살이 굴리는 법륜은
부처님과 다르지 않고
보살의 등불은 어둠을 깨뜨려
중생들이 바른 길을 보도다.

2017년 4월 15일
신라 화엄종찰 금정산 범어사
如天 無比

대방광불화엄경 목차

대방광불화엄경 강설 제59권

三十八. 이세간품離世間品 7

4. 이백 가지 질문에 보현보살이 이천 가지로 답하다

대방광불화엄경 강설

제59권

三十八. 이세간품 7

4. 이백 가지 질문에 보현보살이
   이천 가지로 답하다

7) 묘각위의 19문을 답하다

(3) 보살이 태중에 머무는 열 가지 일이 있다

불자　보살마하살　시현처태　유십종사
佛子야 菩薩摩訶薩이 示現處胎에 有十種事하니

하등　위십　불자　보살마하살　위욕성취소
何等이 爲十고 佛子야 菩薩摩訶薩이 爲欲成就小

심렬해제중생고　불욕영피　기여시념　　금
心劣解諸衆生故로 不欲令彼로 起如是念호대 今

차보살　자연화생　지혜선근　부종수득
此菩薩이 自然化生이라 智慧善根이 不從修得일새

시고보살　시현처태　시위제일사
是故菩薩이 示現處胎가 是爲第一事요

"불자여, 보살마하살은 태중에 머무는 열 가지 일이 있으니 무엇이 열인가. 불자여, 보살마하살이 마음이 작고 지혜가 용렬한 모든 중생을 성취시키려고 한 까닭에 저들로 하여금 '이 보살은 저절로 화생化生하였으며 지혜와 선근을 닦아서 얻은 것이 아니다.'라는 생각을 내지 않게 하려는 것이니라. 그러므로 보살이 태중에 있음을 나타내 보이는 것이니, 이것이 첫째 일이니라."

법회에 등장하는 많은 보살은 모두 타방세계에서 그때그때 문득 모여 온 대중이라 하여 내집중來集衆이라 한다. 그래서 언제 어디서 태어났고 언제 어디서 수행을 쌓아서 지혜와 선근이 갖춰진 것이 아니다. 본래 완전한 보살이다. 문수보살이나 보현보살이나 관세음보살이나 지장보살 등은 모두 그와 같은 보살들이다. 그러므로 석가모니 부처님의 부처님이 되시기 전을 보살로서의 과정이라고 보는 그 보살과는 전혀 다르다.

만약 석가모니 부처님의 전신인 그 보살도 타방에서 온 보살들처럼 저절로 화생하였고 지혜와 선근을 본래 갖춘 이라고 생각하게 한다면 중생들은 모두 자포자기하게 될 것이다. 그래서 석가보살은 타방에서 오지 않고 보통의 중생들과 같이 모태에서 머물다가 탄생하고 성장하고 출가하고 수행하는 등의 과정을 보여 주는 것이다.

보살마하살 위성숙부모 급제권속 숙세
菩薩摩訶薩이 **爲成熟父母**와 **及諸眷屬**과 **宿世**

동행 중생선근 시현처태 하이고 피
同行과 **衆生善根**하야 **示現處胎**하나니 **何以故**오 **彼**

개응이견어처태 성숙소유제선근고 시위
皆應以見於處胎하야 **成熟所有諸善根故**가 **是爲**

제이사
第二事요

"보살마하살이 부모와 권속과 지난 세상에 함께 수행하던 중생의 착한 뿌리를 성숙하게 하기 위하여 태중에 있음을 보이느니라. 왜냐하면 저들이 반드시 태중에 있음을 보아야 가졌던 모든 착한 뿌리를 성숙하는 연고이니, 이것이 둘째 일이니라."

석가모니 부처님도 부처님이 되시기 전에는 우리들 중생

과 같이 어머니의 태에서 태어나 하나하나의 선근을 닦아서 보살이 되고 부처님이 되었다는 것을 믿게 하려고 태중에 있음을 보여 준 것이다.

보살마하살   입모태시   정념정지   무유
菩薩摩訶薩이 入母胎時에 正念正知하야 無有

미혹   주모태이   심항정념   역무착난   시
迷惑하며 住母胎已에 心恒正念하야 亦無錯亂이 是

위 제 삼 사
爲第三事요

"보살마하살이 어머니 태에 들 적에 바른 생각으로 바르게 알고 미혹이 없으며, 어머니 태에 머물고 나서는 마음에 항상 바르게 생각하여 또한 잘못됨이 없나니, 이것이 셋째 일이니라."

그러나 보통의 중생들은 입태入胎와 출태出胎 시에 크게 미혹하여 상당한 수행을 쌓았더라도 모두 잊어버리고 만다고 한다. 그래서 태어나서는 과거의 하던 일을 기억하지 못하는 것이다. 그러나 석가보살은 바른 기억으로 바르게 알아서 착란함이 전혀 없다.

보 살 마 하 살　　재 모 태 중　　　상 연 설 법　　시 방
菩薩摩訶薩이 **在母胎中**하야 **常演說法**에 **十方**

세 계 제 대 보 살　　석 범 사 왕　　개 래 집 회　　　실 령
世界諸大菩薩과 **釋梵四王**이 **皆來集會**어든 **悉令**

획 득 무 량 신 력　　무 변 지 혜　　　보 살　　처 태
獲得無量神力과 **無邊智慧**하나니 **菩薩**이 **處胎**하야

성 취 여 시 변 재 승 용　　시 위 제 사 사
成就如是辯才勝用이 **是爲第四事**요

"보살마하살이 어머니 태중에 있으면서 항상 법을 설하거든, 시방세계의 모든 큰 보살과 제석과 범천왕과 사천왕들이 다 모여 와서 한량없는 신통한 힘과 그지없는 지혜를 얻게 되느니라. 보살이 모태에 있으면서 이와 같은 변재와 훌륭한 작용을 성취하나니, 이것이 넷째 일이니라."

또 보살은 어머니 태중에 있으면서 항상 법을 설한다. 법

을 설하니 시방세계의 모든 큰 보살과 제석과 범천왕과 사천왕이 다 모여 와서 법문을 듣고는 한량없는 신통한 힘과 그지없는 지혜를 얻게 된다.

이것은 또한 무슨 소식인가. 35세에 정각을 이루고 나서 하신 일을 이미 모태에 있으면서 다 성취하였다. 깨달음의 경계에서는 일체 시간과 공간을 다 초월하여 과거와 미래와 현재가 모두 원융무애하다. 과거에서 미래로 가고, 미래에서 과거로 가고, 현재에서 과거와 미래로 가는 것이 아무런 장애가 없다. 4차원 세계에서의 일과 꼭 같다. 일미진중함시방一微塵中含十方이고 일념즉시무량겁一念卽是無量劫이다.

보살 마 하 살　재 모 태 중　집 대 중 회　　이 본
菩薩摩訶薩이 在母胎中에 集大衆會하야 以本

원 력　　교 화 일 체 제 보 살 중　　시 위 제 오 사
願力으로 敎化一切諸菩薩衆이 是爲第五事요

"보살마하살이 모태에 있으면서 대중을 모으고 본래의 원력으로 일체 모든 보살 대중을 교화하나니, 이것이 다섯째 일이니라."

선문禪門에서는 이와 같은 이치를 이끌어 1천7백 공안公案을 모은 염송집拈頌集에서 제1 조항에 "세존미리도솔世尊未離兜率 이강왕궁已降王宮 미출모태未出母胎 도인이필度人已畢"이라 하였다. 즉 "세존이 도솔천을 떠나지 않았는데 이미 왕궁에 태어났으며, 아직 어머니의 태에서 출생하기도 전에 사람들을 이미 다 제도하였다."라고 하였다.

보살마하살菩薩摩訶薩이 어인중성불於人中成佛에 응구인간최승應具人間最勝 수생受生이니 이차시현처어모태以此示現處於母胎가 시위제육사是爲第六事요

"보살마하살이 인간에서 성불하려면 마땅히 인간에서 가장 훌륭하게 태어나야 하느니라. 그래서 어머니의 태에 있음을 나타내 보이나니, 이것이 여섯째 일이니라."

보살이 인간에서 성불하려면 마땅히 인간에서 가장 훌륭하게 태어나야 한다는 뜻은 무엇인가. 어머니의 태에 있음을 나타내 보인 것이다.

보살마하살　　재모태중　　삼천대천세계중
菩薩摩訶薩이 在母胎中에 三千大千世界衆

생　　실견보살　　여명경중　　견기면상　　　이
生이 悉見菩薩호대 如明鏡中에 見其面像하나니 爾

시　　대심천룡야차건달바아수라가루라긴나
時에 大心天龍夜叉乾闥婆阿修羅迦樓羅緊那

라마후라가인비인등　개예보살　　공경공양
羅摩睺羅伽人非人等이 皆詣菩薩하야 恭敬供養

이　시위제칠사요
이 是爲第七事요

"보살마하살이 모태에 있을 적에 삼천대천세계의 중
생이 보살을 보기를 거울 속에서 자기의 얼굴을 보듯이
하느니라. 그때에 큰 마음 가진 천신과 용과 야차와 건
달바와 아수라와 가루라와 긴나라와 마후라가와 사람인
듯 아닌 듯한 이들이 다 보살에게 나아가 공경하고 공
양하나니, 이것이 일곱째 일이니라."

삼천대천세계의 중생이 어머니 태중에 있는 보살을 보기
를 거울 속에서 자기의 얼굴 보듯이 한다. 즉 주인과 벗이 원
융한 이치이다. 주인이 손님이 되었다가 손님이 다시 주인이

되기도 하는 이치이다. 서로서로 바꿔 가며 공경 공양하는
것이다.

　보살마하살　　재모태중　　타방세계일체최
菩薩摩訶薩이 **在母胎中**에 **他方世界一切最**

　후생보살　　재모태자　　개래공회　　설대집법
後生菩薩이 **在母胎者**가 **皆來共會**하야 **說大集法**

　문　　　　명광대지혜장　　시위제팔사
門하나니 **名廣大智慧藏**이니 **是爲第八事**요

　"보살마하살이 모태에 있을 적에 타방세계에서 모든
마지막으로 태어나는[最後生] 보살로서 모태에 있는 이들
이 다 모여 와서 크게 모은 법문[大集法門]을 설하니 이름
이 '광대한 지혜의 창고'이니라. 이것이 여덟째 일이니라."

　보살이 모태에 있을 적에 타방세계에 있는 보살 수행을
끝낸 이들이 그들도 모태에 있으면서 다 모여 와서 법문 설
하는 것을 나타내 보인다.

보살마하살　재모태시　입이구장삼매
菩薩摩訶薩이 在母胎時에 入離垢藏三昧하야

이삼매력　어모태중　현대궁전　　종종엄식
以三昧力으로 於母胎中에 現大宮殿호대 種種嚴飾

실개묘호　도솔천궁　불가위비　이령모
이 悉皆妙好하야 兜率天宮으로 不可爲比나 而令母

신　안은무환　시위제구사
身으로 安隱無患이 是爲第九事요

"보살마하살이 모태에 있을 적에 때를 여읜 창고[離垢藏] 삼매에 들고, 삼매의 힘으로 어머니 태중에서 큰 궁전을 나타내니, 갖가지 장엄으로 꾸며진 것이 모두 훌륭하여 도솔천 궁전으로는 비교할 수 없으나 어머니의 몸은 편안하고 걱정이 없게 하나니, 이것이 아홉째 일이니라."

보살이 어머니 태중에서 삼매에 들고, 삼매의 힘으로 궁전을 나타내고, 궁전은 갖가지 장엄으로 꾸며졌으며, 그 훌륭하기가 도솔천의 궁전보다 훨씬 뛰어나지만 어머니의 몸은 편안하여 아무런 걱정이 없다.

보살마하살　주모태시　이대위력　　홍공
菩薩摩訶薩이 住母胎時에 以大威力으로 興供

양구　　　명개대복덕이구장　　보변시방일체
養具하나니 名開大福德離垢藏이라 普徧十方一切

세계　　공양일체제불여래　　피제여래　함위
世界하야 供養一切諸佛如來어든 彼諸如來가 咸爲

연설무변보살주처법계장　　시위제십사
演說無邊菩薩住處法界藏이 是爲第十事니라

"보살마하살이 모태에 있으면서 큰 위엄과 세력으로
공양거리를 일으키니 이름이 '큰 복덕을 열어 헤치는
때를 여읜 창고'라. 시방의 모든 세계에 두루 하여 일
체 모든 부처님 여래께 공양하거든 저 모든 여래가 다
그지없는 보살의 머무는 처소인 법계장法界藏을 연설하
나니, 이것이 열째 일이니라."

보살이 어머니 태중에 있으면서 공양거리를 일으켜서 시
방의 일체 세계 일체 모든 여래께 공양하며, 그 모든 여래는
다 그지없는 보살의 머무는 처소인 법계장을 연설하신다.

불자   시위보살마하살   시현처태십종사
佛子야 是爲菩薩摩訶薩의 示現處胎十種事니

약 제보살   요달차법   즉 능시현심미세 취
若諸菩薩이 了達此法하면 則能示現甚微細趣니라

"불자여, 이것이 보살마하살이 모태에 들어 나타내
보이는 열 가지 일이니, 만일 모든 보살이 이 법을 분명
히 알면 능히 매우 미세한 뜻[甚微細趣]을 나타내 보이느
니라."

(4) 보살은 태중에서 매우 미세한 내용[趣]이 있다

불자   보살마하살   유십종심미세 취   하
佛子야 菩薩摩訶薩이 有十種甚微細趣하니 何

등   위십   소위재모태중   시현초발보리심
等이 爲十고 所謂在母胎中하야 示現初發菩提心

내지관정지
과 乃至灌頂地하며

"불자여, 보살마하살은 열 가지 매우 미세한 내용[趣]
이 있으니 무엇이 열인가. 이른바 모태에 있으면서 처
음 보리심을 발하는 일과 정수리에 물 붓는 지위까지를

나타내 보이느니라."

　보살의 태중에서의 매우 미세한 내용은 어머니 태중에 있
는 한 가지 모습에서 동시에 다른 여러 가지 모습을 함께 나
타내기 때문에 깊고 비밀스러워 알기 어렵다. 그래서 매우
미세한 내용이라고 한다. 어머니 태중에 있는 모습 그대로
최초에 보리심을 발하는 일과 마지막에 부처님의 경지에 이
르러 정수리에 물 붓는 지위까지 보살의 52위 점차를 다 나
타내 보인다.

在母胎中하야 示現住兜率天하며 在母胎中하야
示現初生하며 在母胎中하야 示現童子地하며 在母
胎中하야 示現處王宮하며

　"모태에 있으면서 도솔천에 머무름을 나타내 보이
며, 모태에 있으면서 처음 탄생함을 나타내 보이며, 모

태에 있으면서 동자의 지위를 나타내 보이며, 모태에
있으면서 왕궁에 거처함을 나타내 보이느니라."

다시 또 어머니 태중에 있으면서 그대로 도솔천에 머무름
을 나타내 보이며, 처음 탄생함을 나타내 보이며, 동자의 지
위를 나타내 보이며, 왕궁에 거처함을 나타내 보인다. 마치
인드라그물에 달려 있는 무량무수한 구슬에서 서로서로 그
무량무수한 구슬을 나타내고 있는 것과 같다. 인드라그물보
다 더하여 모든 시간과 모든 공간의 일을 다 나타내 보인다.

재 모 태 중　　시 현 출 가　　재 모 태 중　　시 현
在母胎中하야 **示現出家**하며 **在母胎中**하야 **示現**

고 행　　왕 예 도 량　　성 등 정 각　　재 모 태 중
苦行과 **往詣道場**하야 **成等正覺**하며 **在母胎中**하야

시 현 전 법 륜　　재 모 태 중　　시 현 반 열 반
示現轉法輪하며 **在母胎中**하야 **示現般涅槃**하며

"모태에 있으면서 출가함을 나타내 보이며, 모태에
있으면서 고행하다가 도량에 나아가 등정각 이룸을 나

타내 보이며, 모태에 있으면서 법륜 굴림을 나타내 보이며, 모태에 있으면서 열반에 듦을 나타내 보이느니라."

흙 한 줌이나 돌덩이 하나에서 수억 년의 역사를 알아내는 것과도 같으며, 세포 하나에서 한 인간의 정보를 다 알아내는 것과도 같다.

재모태중　시현대미세　위일체보살행
在母胎中하야 **示現大微細**하나니 **謂一切菩薩行**

일체여래자재신력　무량차별문
과 **一切如來自在神力**의 **無量差別門**이니라

"모태에 있으면서 크게 미세함을 나타내 보이나니, 이른바 모든 보살의 행과 모든 여래의 자재하고 신통한 힘과 한량없이 차별한 문이니라."

보살은 또 모태에 있으면서 크게 미세함을 나타내 보이는데 모든 보살의 행과 모든 여래의 자재하고 신통한 힘과 한량없이 차별한 문이다.

불자   시위보살마하살   재모태중십종미
佛子야 是爲菩薩摩訶薩의 在母胎中十種微

세 취   약제보살   안주차법   즉득여래무상
細趣니 若諸菩薩이 安住此法하면 則得如來無上

대 지 혜 미 세 취
大智慧微細趣니라

"불자여, 이것이 보살마하살의 어머니 태중에 있는
열 가지 미세한 내용이니, 만일 모든 보살이 이 법에 편
안히 머물면 여래의 위없는 큰 지혜의 미세한 내용을
얻느니라."

(5) 보살이 처음 태어나다

1〉 보살은 열 가지 태어남이 있다

불 자   보 살 마 하 살   유 십 종 생   하 등   위
佛子야 菩薩摩訶薩이 有十種生하니 何等이 爲

십   소 위 원 리 우 치   정 념 정 지 생   방 대 광 명
十고 所謂遠離愚癡하야 正念正知生과 放大光明

망   보 조 삼 천 대 천 세 계 생   주 최 후 유   갱
網하야 普照三千大千世界生과 住最後有하야 更

불 수 후 신 생
不受後身生과

　"불자여, 보살마하살은 열 가지 태어남이 있으니 무엇이 열인가. 이른바 어리석음을 멀리 여의고 바른 생각으로 바르게 아는 태어남과, 큰 광명 그물을 놓아 널리 삼천대천세계를 비추는 태어남과, 맨 나중의 몸에 머물러 다시는 뒷몸을 받지 않는 태어남이니라."

　보살이 도솔천에 머물던 일과 도솔천에서 내려오는 일과 모태에 머무는 일을 설하여 마치고 드디어 모태에서 탄생하는 일을 밝혔다. 탄생하는 일에도 역시 열 가지 태어남이 있다. 어떤 것이 열 가지 태어나는 의미인가. 보살이 세상에 태어남은 어리석음을 멀리 여의고 바른 생각으로 바르게 아는 의미가 있으며, 큰 광명을 놓아 널리 삼천대천세계를 비추는 의미가 있으며, 맨 나중의 몸에 머물러 다시는 뒷몸을 받지 않는 의미가 있다. 어찌 천상천하天上天下 유아독존唯我獨尊 삼계개고三界皆苦 아당안지我當安之라는 의미뿐이겠는가.

불생 불기 생   지 삼 계 여 환 생   어 시 방 세 계
不生不起生과 知三界如幻生과 於十方世界에

보 현 신 생   증 일 체 지 지 신 생   방 일 체 불 광 명
普現身生과 證一切智智身生과 放一切佛光明하야

보 각 오 일 체 중 생 신 생   입 대 지 관 찰 삼 매 신 생
普覺悟一切衆生身生과 入大智觀察三昧身生이니

"나지도 않고 일어나지도 않는 태어남과, 삼계가 환
술과 같음을 아는 태어남과, 시방세계에 두루 몸을 나
타내는 태어남과, 일체 지혜의 지혜 몸을 증득하는 태
어남과, 일체 부처님의 광명을 놓아 일체 중생의 몸을
두루 깨닫는 태어남과, 큰 지혜로 관찰하는 삼매의 몸
에 들어가는 태어남이니라."

또 보살이 세상에 태어남에는 나지도 않고 일어나지도
않는 의미와, 삼계가 환술과 같음을 아는 의미와, 시방세계
에 두루 몸을 나타내는 의미와, 일체 지혜의 지혜 몸을 증득
하는 의미와, 일체 부처님의 광명을 놓아 일체 중생의 몸을
두루 깨닫는 의미와, 큰 지혜로 관찰하는 삼매의 몸에 들어
가는 의미가 있다.

불자 보살 생시 진동일체불찰 해탈
佛子야 菩薩이 生時에 震動一切佛刹하며 解脫

일체 중생 제멸일체악도 영폐일체제마
一切衆生하며 除滅一切惡道하며 映蔽一切諸魔

　　무량보살 개래집회 불자 시위보살
하며 無量菩薩이 皆來集會하나니 佛子야 是爲菩薩

마하살 십종생 위조복중생고 여시시현
摩訶薩의 十種生이니 爲調伏衆生故로 如是示現
이니라

"불자여, 보살이 탄생할 때에 모든 세계를 진동시키
고, 모든 중생을 해탈케 하고, 모든 나쁜 길을 제멸하
고, 일체 모든 마魔를 덮어 버리며, 한량없는 보살이 모
두 모여 오느니라. 불자여, 이것이 보살마하살의 열 가
지 태어남이니, 중생을 조복하기 위하여 이와 같이 나
타내 보이느니라."

보살이 탄생할 때에 모든 세계를 진동시키고, 모든 중생
을 해탈케 하고, 모든 나쁜 길을 제멸하고, 일체 모든 마군
을 덮어 버리며, 한량없는 보살이 모두 모여 오는 등의 큰 의

미가 있다. 그래서 4월 8일 보살이 탄생하신 날을 그토록 크
게 기념하며 온 세상이 진동하도록 풍악을 울리는 것이다.
실로 보살이 탄생하신 날은 아무리 크고 많은 의미를 더하
여 설명하더라도 결코 지나치지 않다.

2〉 보살이 열 가지로 미소 지으며 서원하다

불자 　보살마하살 　 이십사고 　　시현미소심
佛子야 菩薩摩訶薩이 以十事故로 示現微笑心

자서 　　　하등 　위십 　소위보살마하살 　염언
自誓하나니 何等이 爲十고 所謂菩薩摩訶薩이 念言

　일체세간 　몰재욕니 　제아일인 　　무능
호대 一切世間이 沒在欲泥하니 除我一人하고 無能

면제 　　여시지이 　희이미소심자서
勉濟라하야 如是知已에 熙怡微笑心自誓하며

"불자여, 보살마하살은 열 가지 일을 위하여 미소 지
으며 마음에 스스로 서원함을 나타내나니 무엇이 열인
가. 이른바 보살마하살이 생각하기를 '모든 세간이 욕
심의 진흙탕에 빠져 있으니 나 한 사람을 제외하고는

건져 낼 이가 없구나.'라고 하여, 이와 같이 알고 나서 빙긋이 미소 지으면서 마음에 스스로 서원하느니라."

보살이 열 가지 의미를 가지고 태어나서는 다시 열 가지로 미소 지으며 서원하는 것을 밝혔다. 먼저 '모든 세간이 욕심의 진흙탕에 빠져 있으니 나 한 사람을 제외하고는 건져 낼 이가 없구나.'라고 하면서 그들을 다 가르쳐 욕심의 세계에서 벗어나게 할 것을 생각하시고는 혼자 빙긋이 미소 지으며 서원을 세웠다. 그래서 불교의 수많은 가르침 중에 욕심을 떠나게 하는 가르침[離欲尊]에 귀의한다고 한 것이다.

부념언   일체세간   번뇌소맹   유아금자
復念言호대 一切世間이 煩惱所盲이요 唯我今著

구족지혜   여시지이   희이미소심자서
에 具足智慧라하야 如是知已에 熙怡微笑心自誓하며

"또 생각하되 '모든 세간은 번뇌에 눈이 멀었는데 오직 나 혼자만 지금 지혜를 갖추었다.'라고 하여, 이와 같이 알고 나서 빙긋이 미소 지으면서 마음에 스스로 서원하느니라."

번뇌에 눈이 먼 세상 사람들을 지혜로 가르쳐서 밝은 눈을 뜨게 하려는 마음에 서원을 세우면서 빙긋이 미소 짓는다.

　　　우 념 언　　　아 금 인 차 가 명 신 고　　당 득 여 래 충
　　　又念言호대　我今因此假名身故로　當得如來充

　만 삼 세 무 상 법 신　　　　여 시 지 이　　희 이 미 소 심
　滿三世無上法身이라하야　如是知已에　熙怡微笑心

자 서
自誓하며

"또 생각하되 '내가 지금 이 거짓 이름인 몸이라는 것을 인하여 여래의 세 세상에 가득한 위없는 법의 몸을 얻으리라.'라고 하여, 이와 같이 알고 나서 빙긋이 미소 지으면서 마음에 스스로 서원하느니라."

이 허망한 육신으로 여래의 가장 높은 법신을 얻으려는

마음에 빙긋이 미소 지으며 서원을 세운다.

보살　이시　이무장애안　　변관시방소유
菩薩이 爾時에 以無障礙眼으로 徧觀十方所有

범천　내지일체대자재천　　작시념언　　차
梵天과 乃至一切大自在天하고 作是念言호대 此

등중생　개자위위유대지력　　여시지이
等衆生이 皆自謂爲有大智力이라하야 如是知已에

희이미소심자서
熙怡微笑心自誓하며

　"보살이 그때에 장애 없는 눈으로 시방의 범천과 모
든 대자재천을 두루 살피고 생각하기를 '이 중생들이
모두 스스로 큰 지혜의 힘이 있노라 하는구나.'라고 하
여, 이와 같이 알고 나서 빙긋이 미소 지으면서 마음에
스스로 서원하느니라."

　실은 시방의 범천과 모든 대자재천만 큰 지혜의 힘이 있
는 것이 아니라 사람에게는 모두 본래로 갖춘 자연의 지혜

와 스승 없이도 스스로 갖춘 지혜가 있다. 지혜뿐만 아니라 육바라밀과 사무량심까지 본래로 다 갖추고 있다. 이러한 사실을 두루 살펴 아는 보살은 빙긋이 미소 지으면서 마음에 스스로 서원한다.

보살 이시 관제 중생 구종선근 금 개
菩薩이 爾時에 觀諸衆生이 久種善根이라가 今皆

퇴 몰 여시지이 희이미소심자서
退沒하고 如是知已에 熙怡微笑心自誓하며

　"보살이 그때에 모든 중생이 오랫동안 착한 뿌리를 심었으나 이제 없어짐을 관찰하나니, 이와 같이 알고 나서 빙긋이 미소 지으면서 마음에 스스로 서원하느니라."

　모든 중생이 오랫동안 착한 뿌리를 심었으며 육바라밀과 사무량심을 다 갖추고 있으나 인연을 만나지 못하고 때를 만나지 못했을 뿐이다. 이러한 사실을 관찰하고 빙긋이 미소 지으면서 마음에 스스로 서원한다.

보살 관견세간종자 소종수소 획과심다
菩薩이 觀見世間種子가 所種雖少나 獲果甚多

여시지이 희이미소심자서
하고 如是知已에 熙怡微笑心自誓하며

"보살이 세간의 종자를 비록 조금 심었으나 열매가
많음을 관찰하나니, 이와 같이 알고 나서 빙긋이 미소
지으면서 마음에 스스로 서원하느니라."

씨앗은 적으나 그 열매는 많듯이 불법을 수행하는 일도
그와 같아서 작은 선근이라도 기대하는 바 없이 회향을 잘
하면 그 결과는 일체 지혜를 이루어 보살도를 성취한다.

보살 관견일체중생 몽불소교 필득이
菩薩이 觀見一切衆生이 蒙佛所敎하면 必得利

익 여시지이 희이미소심자서
益하고 如是知已에 熙怡微笑心自誓하며

"보살이 일체 중생이 부처님의 교화를 받으면 반드
시 이익 얻을 것을 관찰하나니, 이와 같이 알고는 빙긋

이 미소 지으면서 마음에 스스로 서원하느니라."

일체 중생이 부처님의 교화를 받으면 반드시 이익을 얻는다. 보살은 이와 같은 이치를 관찰하고 미소 지으며 서원한다.

보살이 觀見過去世中同行菩薩이 染着餘事하야
不得佛法廣大功德하고 如是知已에 熙怡微笑心
自誓하며

"보살이 지난 세상에 함께 수행하던 보살이 다른 일에 물들어 불법의 광대한 공덕을 얻지 못함을 관찰하나니, 이와 같이 알고 나서 빙긋이 미소 지으면서 마음에 스스로 서원하느니라."

보살이 지난 세상에 함께 수행하던 보살들이 다른 일에 물들어 불법의 광대한 공덕을 얻지 못함을 관찰하고 빙긋이 미소 짓는 까닭은 무엇인가. 그들을 다 교화할 것을 생각했기 때문이리라.

菩薩이 觀見過去世中共同集會諸天人等이 至
今猶在凡夫之地하야 不能捨離하며 亦不疲厭하고
如是知已에 熙怡微笑心自誓하며

"보살이 지난 세상에 함께 모였던 하늘과 사람들이 지금까지도 오히려 범부의 지위에 있으면서 버리지도 못하고 싫어하지도 않음을 관찰하나니, 이와 같이 알고 나서 빙긋이 미소 지으면서 마음에 스스로 서원하느니라."

보살이 위의 경문과 같은 사실을 관찰하고 빙긋이 미소 짓는 까닭 역시 자신이 모두 교화할 것을 생각했기 때문이리라.

보살   이시   위일체여래광명소촉   배가
菩薩이 **爾時**에 **爲一切如來光明所觸**하야 **倍加**

흔위   희이미소심자서   시위십   불자   보
欣慰하고 **熙怡微笑心自誓**가 **是爲十**이니 **佛子**야 **菩**

살   위조복중생고   여시시현
薩이 **爲調伏衆生故**로 **如是示現**이니라

"보살이 이때에 모든 여래의 광명에 닿은 바 되어 갑
절이나 기뻐하면서 빙긋이 미소 지으며 마음에 스스로
서원하느니라. 이것이 열이니, 불자여, 보살이 중생을
조복하기 위하여 이와 같이 나타내 보이느니라."

   보살이 이때에 모든 여래의 광명에 닿은 바 되어 갑절이
나 기뻐하면서 빙긋이 미소 지으며 마음에 스스로 서원하는
것은 모든 여래로부터 증명과 가호와 인가를 받았다는 뜻이
리라. 보살이 위와 같이 빙긋이 미소 짓는 것은 더욱 많은 중
생을 조복하고 교화하게 된다는 것을 생각했기 때문이리라.

3) 보살이 열 가지 일로써 일곱 걸음을 걷다

불자　보살마하살　이십사고　시행칠보
佛子야 **菩薩摩訶薩**이 **以十事故**로 **示行七步**

하등　위십　소위현보살력고　시행칠보
하나니 **何等**이 **爲十**고 **所謂現菩薩力故**로 **示行七步**
하며

"불자여, 보살마하살은 열 가지 일로써 일곱 걸음을 걸었으니 무엇이 열인가. 이른바 보살의 힘을 나타내느라고 일곱 걸음을 걸었느니라."

『서응경瑞應經』에 이르기를 '보살이 태어남을 보일 때에 곧바로 일곱 걸음을 걸으면서 한 손은 하늘을 가리키고 한 손은 땅을 가리키며 천상천하유아독존天上天下唯我獨尊이라고 하시니라.'[1] 라고 하였다. 이 경전을 근거로 하여 싯다르타 태자는 모태에서 태어나자마자 일곱 걸음을 걸으며 "천상천하 유아독존"이라고 하셨다는 말이 천하에 파다하게 퍼진 것이다.

---

1) 瑞應經云 '菩薩示生即行七步. 一手指天. 一手指地. 天上天下唯我獨尊.'

현 시 칠 재 고　시 행 칠 보
現施七財故로 **示行七步**하며

"일곱 가지 재물로 보시함을 나타내느라고 일곱 걸음을 걸었느니라."

일곱 가지 재물, 즉 칠재七財란 칠성재七聖財 · 칠덕재七德財라고도 하는데 성과聖果를 얻기 위한 일곱 가지 법재法財를 말한다. 신재信財 · 계재戒財 · 참재慚財 · 괴재愧財 · 문재聞財 · 사재捨財 · 혜재慧財이다.

만 지 신 원 고　시 행 칠 보
滿地神願故로 **示行七步**하며

"지신地神의 소원을 만족시키느라고 일곱 걸음을 걸었느니라."

앞으로 정각을 이루실 보살이 태어나서 자기가 관리하는 땅을 밟기를 기다리고 있었는데 비로소 태어나시어 일곱 걸음을 걸었으므로 지신의 소원이 만족하게 된 것이다.

현 초 삼 계 상 고   시 행 칠 보
現超三界相故로 **示行七步**하며

"삼계를 초월하는 모양을 나타내느라고 일곱 걸음을 걸었느니라."

누가 태어나자마자 일곱 걸음을 걷겠는가. 오직 삼계를 초월할 보살만이 할 수 있는 일이다.

현 보 살 최 승 행   초 과 상 왕 우 왕 사 자 왕 행 고
現菩薩最勝行이 **超過象王牛王獅子王行故**로

시 행 칠 보
示行七步하며

"보살의 가장 수승한 행行이 코끼리와 소와 사자의 행보다 뛰어남을 나타내느라고 일곱 걸음을 걸었느니라."

현 금 강 지 상 고   시 행 칠 보
現金剛地相故로 **示行七步**하며

"금강지金剛地의 모양을 나타내느라고 일곱 걸음을 걸

었느니라."

현 욕 여 중 생 용 맹 력 고 　 시 행 칠 보
現欲與衆生勇猛力故로 **示行七步**하며

"중생에게 용맹한 힘을 주는 것을 나타내느라고 일
곱 걸음을 걸었느니라."

현 수 행 칠 각 보 고 　 시 행 칠 보
現修行七覺寶故로 **示行七步**하며

"일곱 가지 깨닫는 보배를 수행함을 나타내느라고
일곱 걸음을 걸었느니라."

일곱 가지 깨닫는 보배는 칠각분七覺分이라 하는데, 열반
에 이르기 위하여 닦는 37가지 도행道行 가운데 제6의 칠보리
분七菩提分 · 칠각지七覺支 · 칠각의七覺意 · 칠각七覺이라는 것이
다. 불도를 수행하는데 지혜로써 참되고 거짓되고 선하고
악한 것을 살펴서 골라내고 알아차리는 데 7종이 있다. ①

택법각분擇法覺分은 지혜로 모든 법을 살펴서 선한 것은 골라
내고 악한 것은 버리는 것이다. ② 정진각분精進覺分은 여러
가지 수행을 할 때에 쓸데없는 고행은 그만두고 바른 도에
전력하여 게으르지 않은 것이다. ③ 희각분喜覺分은 참된 법
을 얻어서 기뻐하는 것이다. ④ 제각분除覺分은 그릇된 견해
나 번뇌를 끊어 버릴 때에 능히 참되고 거짓됨을 알아서 올
바른 선근을 기르는 것이다. ⑤ 사각분捨覺分은 바깥 경계에
집착하던 마음을 여읠 때 거짓되고 참되지 못한 것을 기억하
는 마음을 버리는 것이다. ⑥ 정각분定覺分은 선정에 들어서
번뇌 망상을 일으키지 않는 것이다. ⑦ 염각분念覺分은 불도
를 수행함에 있어서 잘 생각하여 정定과 혜慧가 고르게 하는
것이다. 만일 마음이 혼침하면 택법각분·정진각분·희각
분으로 마음을 일깨우고, 마음이 들떠서 흔들리면 제각분
·사각분·정각분으로 마음을 고요하게 한다.

현 소 득 법 불 유 타 교 고   시 행 칠 보
現所得法不由他敎故로 示行七步하며

"얻은 법이 다른 이의 가르침을 말미암지 않았음을

나타내느라고 일곱 걸음을 걸었느니라."

누가 어떤 법을 얻든지 실은 스스로 내면에 갖추고 있는
것을 드러내는 일에 불과하다. 그래서 다른 이의 가르침을
말미암지 않은 것이라고 한다. 이와 같은 이치를 나타내느
라고 태어나자마자 일곱 걸음을 걸어 보인 것이다. 설사 사
람이 태어나서 2년이나 3년이 지난 뒤에 걷는다 하더라도 그
것 역시 사람에게 본래 갖춰져 있는 능력이 때가 되어 나타
난 것일 뿐이다. 그것을 누가 어떻게 한단 말인가. 육바라밀
과 사무량심도 본래 갖춘 것을 드러내어 실천할 뿐이다. 보
살의 능력이나 부처의 능력이나 모두 다른 이를 말미암지 않
고 스스로 나타낸다.

현 어 세 간 최 승 무 비 고   시 행 칠 보   시 위 십
現於世間最勝無比故로 示行七步가 是爲十이니

불 자   보 살   위 조 복 중 생 고   여 시 시 현
佛子야 菩薩이 爲調伏衆生故로 如是示現이니라

"세간에서 가장 수승하여 견줄 이 없음을 나타내느

라고 일곱 걸음을 걸었느니라. 이것이 열이니, 불자여, 보살이 중생을 조복하기 위하여 이와 같이 나타내 보이 느니라."

부처님을 찬탄하는 게송이 있어 어디에서나 노래 부른 다. "천상과 천하에서 부처님과 같은 이가 없다. 시방세계에 서도 비교할 이가 없다. 세간에 있는 이들을 내가 다 보았지 만 그 무엇도 부처님 같은 이가 없도다."[2]

(6) 보살이 집에 머물다

1〉보살은 열 가지 일로써 동자의 지위에 있음을 나타낸다

불자   보살 마 하 살   이 십 사 고   현 처 동 자 지
佛子야 **菩薩摩訶薩**이 **以十事故**로 **現處童子地**

　　　하 등   위 십   소 위 위 현 통 달 일 체 세 간 문 자
하나니 **何等**이 **爲十**고 **所謂爲現通達一切世間文字**

산 계   도 서 인 새   종 종 업 고   처 동 자 지
算計와 **圖書印璽**의 **種種業故**로 **處童子地**하며

---

2) 天上天下無如佛 十方世界亦無比 世間所有我盡見 一切無有如佛者.

"불자여, 보살마하살은 열 가지 일로써 동자의 지위에 있음을 나타내나니 무엇이 열인가. 이른바 모든 세간의 문자와 산수와 도서圖書와 인장과 갖가지 업을 통달하였음을 나타내느라고 동자의 지위에 있느니라."

보살이 도솔천에 머물다가 내려와서 모태에 들고, 탄생하시고, 일곱 걸음을 걸은 내용까지 밝혔다. 이제 동자로서 세속에 살면서 세속의 온갖 일을 통달하게 된 것을 밝힌다. 비록 동자라고는 하지만 29세나 30세경에 출가하셨다면 그동안 무엇인들 배우지 않았겠는가.

위 현 통 달 일 체 세 간 상 마 거 승   호 시 검 극   종
爲現通達一切世間象馬車乘과 弧矢劍戟의 種

종 업 고   처 동 자 지
種業故로 處童子地하며

"모든 세간의 코끼리와 말과 수레와 활과 화살과 칼과 창의 갖가지 업을 통달하였음을 나타내느라고 동자

의 지위에 있느니라."

　보살이 동자로서 세간의 문자와 산수와 도서와 인장뿐
만 아니라 코끼리와 말과 수레와 활과 화살과 칼과 창에 대
한 것까지 통달하였음을 밝힌다. 한 나라를 물려받아 국가
를 운영할 왕으로서의 자질을 갖추려면 문무를 모두 겸비하
였을 것이다.

　위　현　통　달　일　체　세　간　문　필　담　론　　박　혁　희　희　　종
爲現通達一切世間文筆談論과 **博奕嬉戲**의 **種**

종　사　고　　처　동　자　지
種事故로 **處童子地**하며

　"일체 세간의 문필과 언론과 바둑과 장기 등 놀이하
는 갖가지 일을 통달하였음을 나타내느라고 동자의 지
위에 있느니라."

　심지어 세간의 문필과 언론과 바둑과 장기 등 놀이하는
것까지 다 통달하였다.

위 현 원 리 신 어 의 업　제 과 실 고　처 동 자 지
爲現遠離身語意業의 **諸過失故**로 **處童子地**하며

"몸과 말과 뜻으로 지은 업의 모든 허물을 멀리 여의었음을 나타내느라고 동자의 지위에 있느니라."

신구의 삼업에는 일체 허물이 없어서 몸은 민첩하고 말은 능란하고 생각은 사려가 깊어서 그 인격이 빼어났다.

위 현 입 정 주 열 반 문　　주 변 시 방 무 량 세 계 고
爲現入定住涅槃門하야 **周徧十方無量世界故**
처 동 자 지
로 **處童子地**하며

"선정에 들고 열반의 문에 머물러서 시방의 한량없는 세계에 두루 하였음을 나타내느라고 동자의 지위에 있느니라."

보살은 동자로서 본래의 선정에 들고 본래의 열반에 머물러 있어서 한량없는 세계에 두루 한다.

위 현 기 력　　초 과 일 체 천 룡 야 차 건 달 바 아 수
爲現其力이 **超過一切天龍夜叉乾闥婆阿修**

라 가 루 라 긴 나 라 마 후 라 가　　석 범 호 세　　인 비
羅迦樓羅緊那羅摩睺羅伽와 **釋梵護世**와 **人非**

인 등 고　　처 동 자 지
人等故로 **處童子地**하며

"그 힘이 모든 천신과 용과 야차와 건달바와 아수라
와 가루라와 긴나라와 마후라가와 제석과 범천왕과 사
천왕과 사람인 듯 아닌 듯한 이 등을 뛰어넘었음을 나
타내느라고 동자의 지위에 있느니라."

보살이 동자로서 본래 갖춘 힘은 모든 천신과 용과 야차
와 건달바와 아수라와 가루라와 긴나라 등이 갖춘 힘을 훨
씬 뛰어넘는다.

위 현 보 살 색 상 위 광　　초 과 일 체 석 범 호 세 고
爲現菩薩色相威光이 **超過一切釋梵護世故**로

처 동 자 지
處童子地하며

"보살의 색상과 위엄과 광명이 모두 제석과 범천왕과 사천왕을 뛰어넘었음을 나타내느라고 동자의 지위에 있느니라."

보살은 동자로서 그 몸의 색상과 위엄과 광명이 모두 제석과 범천왕과 사천왕을 훨씬 뛰어넘는다.

위 령 탐 착 욕 락 중 생　　환 희 낙 법 고　처 동 자
爲令眈着欲樂衆生으로 **歡喜樂法故**로 **處童子**
지
地하며

"욕락을 탐착하는 중생들로 하여금 법을 기뻐하고 즐거워하게 하느라고 동자의 지위에 있느니라."

보살은 세속의 동자로서 이미 법을 기뻐하고 즐거워하여 온갖 욕락에 빠져 있는 중생들의 본보기가 되었다.

위존중정법　　근공양불　　주변시방일체
爲尊重正法하고 **勤供養佛**하야 **周徧十方一切**

세계고　처동자지
世界故로 **處童子地**하며

"바른 법을 존중하고 부처님께 공양하며 시방의 모든 세계에 두루 하기 위하여 동자의 지위에 있느니라."

보살은 동자로서 이미 바른 법을 존중하고 부처님께 공양하며 시방의 모든 세계에 두루 하였다.

위현득불가피　　몽법광명고　　처동자지
爲現得佛加被하고 **蒙法光明故**로 **處童子地**가

시위십
是爲十이니라

"부처님의 가피를 얻고 법의 광명을 입음을 나타내느라고 동자의 지위에 있나니, 이것이 열이니라."

보살은 동자로서 이미 부처님의 가피를 얻고 법의 광명

을 입었다.

2) 보살은 열 가지 일을 위하여 왕궁에 거처한다

불자 보살마하살 현동자지이 이십사고
佛子아 菩薩摩訶薩이 現童子地已에 以十事故

현처왕궁 하등 위십 소위위령숙세동
로 現處王宮하나니 何等이 爲十고 所謂爲令宿世同

행중생 선근성숙고 현처왕궁
行衆生으로 善根成熟故로 現處王宮하며

"불자여, 보살마하살은 동자의 지위를 나타내고는
열 가지 일을 위하여 왕궁에 거처함을 나타내나니 무엇
이 열인가. 이른바 지난 세상에 같이 수행하던 중생의
착한 뿌리를 성숙하게 하느라고 왕궁에 거처하느니라."

보살은 정반왕의 태자로 왕궁에서 태어났으므로 태어
나자마자 왕궁에 거처하게 되었다. 보살이 왕궁에 거처하
는 데 열 가지 뜻이 있음을 밝혔다. 먼저 지난 세상에 같이
수행하던 중생들의 선근을 성숙하게 하느라고 왕궁에 거

처하였다. 선근이 성숙하지 않으면 왕궁에서 살 수 없기 때문이다.

위현시보살선근력고　현처왕궁
爲顯示菩薩善根力故로 **現處王宮**하며

"보살의 착한 뿌리의 힘을 나타내 보이느라고 왕궁에 거처하느니라."

위제인천　탐착낙구　시현보살　대위덕
爲諸人天이 **眈着樂具**하야 **示現菩薩**의 **大威德**

낙구고　현처왕궁
樂具故로 **現處王宮**하며

"모든 사람과 천신들이 오락기구를 즐기므로 보살의 큰 위엄과 공덕의 즐거움을 나타내느라고 왕궁에 거처하느니라."

순 오 탁 세 중 생 심 고　　현 처 왕 궁
順五濁世衆生心故로 **現處王宮**하며

"다섯 가지 흐리고 나쁜 세상에 있는 중생들의 마음
을 따르느라고 왕궁에 거처하느니라."

다섯 가지 흐리고 나쁜 세상은 곧 오탁악세五濁惡世이다.
오탁을 또는 오재五滓 · 오혼五渾이라 하는데 나쁜 세상에 대
한 5종의 더러움이다. ① 겁탁劫濁은 사람의 수명이 차제로
감하여 30 · 20 · 10세로 됨에 따라 각기 기근饑饉 · 질병疾病
· 전쟁戰爭이 일어나 흐려짐을 따라 입는 재난과 액난이다.
② 견탁見濁은 말법末法시대에 이르러 사견邪見 · 사법邪法이 다
투어 일어나 부정한 사상의 탁함이 넘쳐흐름을 이른다. ③
번뇌탁煩惱濁은 또는 혹탁惑濁이라 하는데 사람의 마음이 번
뇌로 가득하여 흐려짐을 뜻한다. ④ 중생탁衆生濁은 또는 유
정탁有情濁이라 하는데 사람이 악한 행위만을 행하여 인륜 도
덕을 돌아보지 않고 나쁜 결과를 두려워하지 않는 것이다.
⑤ 명탁命濁은 또는 수탁壽濁이라 하는데 인간의 수명이 차례
로 단축하는 것을 뜻한다. 이와 같은 중생들의 삶을 따라
같이한다는 뜻이다.

위현보살　대위덕력　능어심궁　입삼매고
爲現菩薩의 **大威德力**이 **能於深宮**에 **入三昧故**

현 처 왕 궁
로 **現處王宮**하며

"보살의 큰 위덕의 힘으로 깊은 궁궐에서도 삼매에 드는 것을 나타내려고 왕궁에 거처하느니라."

보살은 큰 위덕의 힘으로 궁전 속에 깊이 있으면서도 항상 삼매에 들어 있다.

위 령 숙 세 동 원 중 생　　만 기 의 고　　현 처 왕 궁
爲令宿世同願衆生으로 **滿其意故**로 **現處王宮**
하며

"지난 세상에서 서원을 함께하던 중생들로 하여금 그 뜻을 만족하게 하느라고 왕궁에 거처하느니라."

욕 령 부 모 친 척 권 속　　만 소 원 고　　현 처 왕 궁
欲令父母親戚眷屬으로 **滿所願故**로 **現處王宮**하며

"부모와 친척과 권속의 서원을 만족하게 하느라고
왕궁에 거처하느니라."

지난 세상에서 서원을 함께하던 중생들의 뜻을 만족하게
하고 부모와 친척과 권속의 서원을 만족하게 하느라고 왕궁
에 거처하는 것이다.

욕 이 기 악　　출 묘 법 음　　공 양 일 체 제 여 래
欲以妓樂으로 **出妙法音**하야 **供養一切諸如來**
고　　현 처 왕 궁
故로 **現處王宮**하며

"풍류 속에서 묘한 법의 음성을 내어 일체 모든 여
래에게 공양하느라고 왕궁에 거처하느니라."

태자로서 왕궁에 거처하면 풍류와 음악이 다 갖춰져 있
을 것이다. 그것으로 묘법의 작곡을 하고 묘법의 작사를 하

여 일체 모든 여래에게 공양한다. 어찌 음악으로 공양하는 것뿐이겠는가. 태자로서 왕궁에 산다면 불법을 널리 펴는 데 그 영향력이 얼마나 크겠는가.

욕 어 궁 내　　주 미 묘 삼 매　　시 종 성 불　　내 지
欲於宮內에 **住微妙三昧**하야 **始從成佛**로 **乃至**

열 반　　개 시 현 고　　현 처 왕 궁
涅槃히 **皆示現故**로 **現處王宮**하며

"궁전 안에서 미묘한 삼매에 머물러 있으면서 처음 성불함으로부터 열반에 이르기까지를 다 나타내느라고 왕궁에 거처하느니라."

보살이 출가하시기 전 궁전에 머물 때 이미 미묘한 삼매에 있으면서 출가하시고, 고행하시고, 마군을 항복받고, 성도하시고, 법륜을 굴리시고, 중생을 제도하시고, 열반에 드시는 등의 일생을 빠짐없이 다 나타내 보인다. 궁전에 있는 현재의 한순간이 무한한 미래에까지 다 이른다.

위 수 순 수 호 제 불 법 고　　　 현 처 왕 궁　　 시 위 십
爲隨順守護諸佛法故로 **現處王宮**이 **是爲十**이니

최 후 신 보 살　　 여 시 시 현 처 왕 궁 이　　　 연 후 출 가
最後身菩薩이 **如是示現處王宮已**하고 **然後出家**니라

"모든 부처님 법을 따르며 수호하느라고 왕궁에 거처
하느니라. 이것이 열이니, 맨 나중 몸을 받은 보살은 이
와 같이 왕궁에 거처함을 보이다가 뒤에 출가하느니라."

보살은 왕궁에 있으면서 모든 부처님의 법을 수순하며
수호한다. 보살이 수행의 힘으로 이제 더 이상의 몸을 받지
않고 인간으로서는 마지막 몸이라고 보는 것이 최후신最後身
의 이론이다. 이 최후의 몸으로 왕궁에 있다가 이제 곧 출가
하게 된다.

(7) 보살이 출가를 보이다

1〉 보살이 열 가지 일로써 출가를 보이다

불 자　 보 살 마 하 살　　 이 십 사 고　　 시 현 출 가
佛子야 **菩薩摩訶薩**이 **以十事故**로 **示現出家**하나니

하등 위십 소위위염거가고 시현출가
何等이 **爲十**고 **所謂爲厭居家故**로 **示現出家**하며

"불자여, 보살마하살은 열 가지 일로써 출가함을 보이나니 무엇이 열인가. 이른바 집에 있는 것이 싫으므로 출가함을 보이느니라."

한국불교에서는 음력 2월 8일을 부처님 출가일이라고 해서 부처님 출가의 뜻을 되새기고 기념하는 법회를 연다. 여기에 출가의 의미를 열 가지로 밝혔다. 먼저 세속의 집에는 온갖 걸리는 것이 많고 불편하다. 그래서 세속의 집에 사는 것이 싫어서 출가함을 보인 것이다.

위 착 가 중 생 영 사 리 고 시 현 출 가
爲着家衆生으로 **令捨離故**로 **示現出家**하며

"집에 애착하는 중생에게 집을 버리게 하느라고 출가함을 보이느니라."

사람들은 모두 애착으로 산다. 재물에 애착하고 이성에

게 애착하고 가족에게 애착하고 음식에 애착하고 명예에 애착하고 수면에 애착하는 등 애착하는 것이 무수히 많다. 세상에 살면서 모두 집을 가지고 있는데 어찌 집에 애착하지 않을 수 있겠는가. 그래서 부처님은 한 나무 밑에서 세 밤을 거듭 머물지 말라고 하셨다.

위 수 순 신 락 성 인 도 고   시 현 출 가
爲隨順信樂聖人道故로 示現出家하며

"성인의 도를 따르고 믿고 즐거워하느라고 출가함을 보이느니라."

집을 버리고, 가족을 버리고, 명예와 재산을 버리고, 오직 성인의 도를 좋아해야 한다는 뜻에서 출가함을 보인 것이다.

위 선 양 찬 탄 출 가 공 덕 고   시 현 출 가
爲宣揚讚歎出家功德故로 示現出家하며

"출가한 공덕을 선전하고 찬탄하느라고 출가함을 보이느니라."

석가세존이 출가하여 정각을 이룬 뒤 얼마나 많은 중생을 교화하였는가. 이 세상에 얼마나 큰 지혜의 가르침을 주었는가. 이 모두가 출가의 공덕이리라.

위 현 영 리 이 변 견 고　시 현 출 가
爲顯永離二邊見故로 **示現出家**하며

"두 가지 치우친 소견을 영원히 떠남을 나타내느라고 출가함을 보이느니라."

두 가지 치우친 소견, 즉 이변二邊이란 서로 대립하는 두 가지 입장과 두 개의 극단적 주장을 말한다. 유有와 무無, 득得과 실失, 증憎과 애愛, 생生과 멸滅 등이다. 이러한 두 가지 치우친 소견을 영원히 떠남을 나타내느라고 출가함을 보였다.

위 령 중 생　　이 욕 락 아 락 고　　시 현 출 가
爲令衆生으로 **離欲樂我樂故**로 **示現出家**하며

"중생들로 하여금 탐욕의 낙樂과 '나'라는 낙을 여의
게 하느라고 출가함을 보이느니라."

중생은 모두 탐욕의 낙을 즐기고 나라는 것에 집착한 낙
을 즐기며 살아간다. 보살은 그와 같은 낙을 떠난 법희선열
의 낙을 보여주려고 출가하였다.

위 선 현 출 삼 계 상 고　　시 현 출 가
爲先現出三界相故로 **示現出家**하며

"먼저 삼계에서 벗어나는 모양을 나타내느라고 출가
함을 보이느니라."

삼계에서 벗어난 모습은 어떤 것일까. 흔히 심心출가와
신身출가가 있다고 한다. 이 몸은 삼계에 있더라도 삼계에
물들지 않는 것이 진정한 출가다. 원효元曉스님은 "마음에 애
착을 떠난 것이 사문이요, 세속을 그리워하지 않는 것이 출

가다[離心中愛 是名沙門 不戀世俗 是名出家]."라고 하였다.

위 현 자 재 불 속 타 고　　시 현 출 가
爲現自在不屬他故로 **示現出家**하며

"자유자재하여 다른 이에게 소속되지 않음을 나타내
느라고 출가함을 보이느니라."

사람의 삶이 누구에게도 소속되지 않고 그 누구에게도
방해가 되지 않으며 자유자재하게 사는 삶이라면 그 또한
출가이리라.

위 현 당 득 여 래 십 력 무 외 법 고　　시 현 출 가
爲顯當得如來十力無畏法故로 **示現出家**하며

"장차 여래의 열 가지 힘과 두려움 없는 법을 얻는
것을 나타내느라고 출가함을 보이느니라."

열 가지 힘, 즉 십력+力은 ① 중생의 옳은 곳과 그른 곳을

아는 지혜 ② 과거 미래 현재에 업으로 받는 과보를 아는 지혜 ③ 모든 근성이 영리하고 둔함을 아는 지혜 ④ 갖가지 경계를 아는 지혜 ⑤ 가지가지 이해를 아는 지혜 ⑥ 온갖 곳에 이르러 갈 길을 아는 지혜 ⑦ 모든 선정과 해탈과 삼매와 때 묻고 깨끗함이 일어나는 때와 때 아님을 아는 지혜 ⑧ 일체 세계에서 지난 세상에 머물던 일을 기억함에 따라 아는 지혜 ⑨ 천안통의 지혜 ⑩ 누진통漏盡通의 지혜이다.

또 여래의 두려움 없는 법은 ① 나는 일체 법을 깨달았다는 두려움 없는 자신 ② 나는 일체 번뇌를 모두 끊었다는 두려움 없는 자신 ③ 나는 깨달음에 장애가 되는 것을 모두 말했다는 두려움 없는 자신 ④ 나는 괴로움의 세계에서 벗어나 해탈에 이르는 길을 모두 말했다는 두려움 없는 자신이다.

최후보살   법응이고   시현출가   시위십
最後菩薩이 **法應爾故**로 **示現出家**가 **是爲十**이니

보살   이 차 조 복 중 생
菩薩이 **以此調伏衆生**이니라

"최후의 몸 받은 보살은 법이 으레 그러하므로 출가함을 보이느니라. 이것이 열이니, 보살이 이것으로 중생을 조복하느니라."

최후의 몸 받은 보살은 이 몸으로 성불하면 다시는 몸을 받지 않는다는 뜻에서 이 몸을 최후의 몸이라고 하는 것이다.

2) 보살은 열 가지 일을 위하여 고행을 한다

불자 보살마하살 위십종사고   시행고행
佛子야 菩薩摩訶薩이 爲十種事故로 示行苦行

　　　하등   위십   소위위성취열해중생고   시
하나니 何等이 爲十고 所謂爲成就劣解衆生故로 示

행 고 행
行苦行하며

"불자여, 보살마하살은 열 가지 일을 위하여 고행을 보이나니 무엇이 열인가. 이른바 지혜가 용렬한 중생을 성취시키느라고 고행을 보이느니라."

보살이 출가하여 6년간 고행을 한 것은 뒷사람들에게 큰 본보기가 된다. 첫째, 지혜가 용렬한 중생을 성취시키느라고 고행을 보인다. 소승 수행자들은 반드시 고행을 해야만 도를 얻는다고 여기기 때문이다. 고행은 근기에 따라서 심지를 굳게 하고 지혜를 밝게 만들기도 한다.

위 발 사 견 중 생 고   시 행 고 행
爲拔邪見衆生故로 **示行苦行**하며

"삿된 소견 가진 중생을 빼 내느라고 고행을 보이느니라."

고행이 가장 훌륭한 수행이라고 생각하는 것은 삿된 소견이다. 그러나 향락적인 궁중의 생활도 올바른 삶은 아니다. 이와 같이 치우친 소견에 집착해서는 안 된다는 의미로 고행을 보인 것이다.

위 불 신 업 보 중 생　　영 견 업 보 고　　시 행 고 행
爲不信業報衆生으로 **令見業報故**로 **示行苦行**하며

"업과 과보를 믿지 않는 중생에게 업과 과보를 보게
하느라고 고행을 보이느니라."

어떤 업이든 반드시 과보가 있기 마련인데 업과 그 과보
를 믿지 않는 중생들을 위해서 과보를 보게 한 것이다.

위 수 순 잡 염 세 계　　법 응 이 고　　시 행 고 행
爲隨順雜染世界하야 **法應爾故**로 **示行苦行**하며

"혼잡하고 물든 세계를 따르게 되면 법이 으레 그러
하므로 고행을 보이느니라."

다섯 가지로 혼탁한 세상에 태어난 중생은 모두 무거운
죄가 있어서 근심과 번뇌가 마음을 덮고 있으므로 도를 얻
기 어렵다. 그러므로 고행을 보인 것이다.

시 능 인 구 로　　근 수 도 고　　시 행 고 행
示能忍劬勞하야 **勤修道故**로 **示行苦行**하며

"능히 고생을 참고 부지런히 수도함을 보이느라고
고행을 보이느니라."

게으른 중생들을 경책하기 위해서 고행을 보인 것이다.

위 령 중 생　　낙 구 법 고　　시 행 고 행
爲令眾生으로 **樂求法故**로 **示行苦行**하며

"중생으로 하여금 법 구하기를 즐겁게 하려고 고행
을 보이느니라."

중생으로 하여금 불법을 구하기 위해서는 춥고 주린 것
을 잊어버리게 하려고 고행을 보인 것이다.

위 착 욕 락 아 락 중 생 고　　시 행 고 행
爲着欲樂我樂眾生故로 **示行苦行**하며

"탐욕의 즐거움과 '나'라는 즐거움에 집착한 중생을 위하여 고행을 보이느니라."

다섯 가지 욕락에 집착하거나 오온의 나에 집착한 것은 진정한 불도가 아니다. 그래서 고행을 보인 것이다.

위 현 보 살   기 행 수 승   내 지 최 후 생   유 불
爲顯菩薩의 起行殊勝하야 乃至最後生히 猶不

사 근 정 진 고   시 행 고 행
捨勤精進故로 示行苦行하며

"보살의 수행이 수승하여 마지막 태어난 몸으로도 오히려 부지런히 정진함을 버리지 않음을 나타내느라고 고행을 보이느니라."

진정한 보살도를 수행하는 데 처음 발심한 때부터 마지막 정각을 이루고 다시 보살도를 펼치기까지 어느 한순간도 부지런한 정진을 버릴 수 없다. 그래서 고행을 보인 것이다.

위 령 중 생　　　　낙 적 정 법　　　증 장 선 근 고　　시 행
爲令衆生으로 **樂寂靜法**하야 **增長善根故**로 **示行**

고 행
苦行하며

"중생으로 하여금 고요한 법을 좋아하고 착한 뿌리
를 증장케 하느라고 고행을 보이느니라."

미래의 중생들로 하여금 적정한 법을 즐기고 일체 선근을
증장하게 하려고 고행을 보인 것이다.

위 제 천 세 인　　제 근 미 숙　　　대 시 성 숙 고　　시
爲諸天世人이 **諸根未熟**하야 **待時成熟故**로 **示**

행 고 행　　시 위 십　　보 살　　이 차 방 편　　조 복 일
行苦行이 **是爲十**이니 **菩薩**이 **以此方便**으로 **調伏一**

체 중 생
切衆生이니라

"천신과 사람들의 근성이 아직 성숙하지 못한 이에
게 때를 기다려 성숙하게 하려고 고행을 보이느니라. 이
것이 열이니, 보살은 이 방편으로 일체 중생을 조복하

느니라."

    근성이 아직 성숙하지 못한 이들에게 오래오래 수행하여
근성이 성숙할 때까지 기다리게 하려고 고행을 보인 것이다.

    (8) 보살이 도道를 이루다

    1〉 보살이 도량에 나아가는 데 열 가지 일이 있다

    불자 보살마하살   왕예도량   유십종사
    佛子야 菩薩摩訶薩이 往詣道場에 有十種事하니

    하등   위십   소위예도량시   조요일체세계
    何等이 爲十고 所謂詣道場時에 照耀一切世界하며

    예도량시   진동일체세계
    詣道場時에 震動一切世界하며

    "불자여, 보살마하살은 도량에 나아가는 데 열 가지
일이 있으니 무엇이 열인가. 이른바 도량에 나아갈 적
에 모든 세계를 밝게 비추며, 도량에 나아갈 적에 모든
세계를 진동시키느니라."

석가모니 부처님이 태자의 몸으로 발심 출가하여 6년간 고행을 하시다가 니련선하에서 목욕을 하고 유미죽을 얻어 먹고는 심신을 가다듬어 깨달음을 이룬 보리도량에 나아갔다. 금강보좌라는 바위 위에 길상초吉祥草를 깔고 바른 선정에 들어 7일이 지나 정각을 이룰 때까지 앉아 있었다. 이와 같이 보살이 보리도량에 나아간 것에는 열 가지 일이 있다. 첫째, 도량에 나아갈 적에 모든 세계를 밝게 비추며, 다음은 모든 세계를 진동시킨다. 세존이 보리도량에 나아가서 정각을 이룬 것은 인류사에 가장 위대한 사건이었기 때문이다.

예 도 량 시　　어 일 체 세 계　　보 현 기 신　　　예 도
詣道場時에 於一切世界에 普現其身하며 詣道

량 시　　각 오 일 체 보 살　　급 일 체 숙 세 동 행 중 생
場時에 覺悟一切菩薩과 及一切宿世同行衆生하며

"도량에 나아갈 적에 모든 세계에 두루 몸을 나타내며, 도량에 나아갈 적에 모든 보살과 지난 세상에 함께 수행하던 중생을 깨우치느니라."

보살이 보리도량에 나아감으로 정각을 성취하고, 정각을 성취함으로 모든 세계에 부처님이 두루 하시게 되었다. 또한 모든 다른 보살과 과거에 함께 수행하던 일체 중생을 다 깨우치게 하였다.

예도량시   시현도량일체장엄   예도량시
詣道場時에 **示現道場一切莊嚴**하며 **詣道場時**

수제중생심지소욕   이위현신종종위의
에 **隨諸衆生心之所欲**하야 **而爲現身種種威儀**와

급보리수일체장엄
及菩提樹一切莊嚴하며

"도량에 나아갈 적에 도량의 모든 장엄을 나타내며, 도량에 나아갈 적에 모든 중생의 욕망을 따라 몸의 갖가지 위의와 보리수의 모든 장엄을 나타내느니라."

화엄경의 첫머리에 "이와 같은 사실을 저는 들었습니다. 어느 날 부처님이 마갈타국 아란야 법 보리도량에 계시면서 정각을 이루시니 그 땅은 견고하여 다이아몬드로 이루어져

있었습니다."라고 시작하여 땅의 장엄과 보리수나무의 장엄과 궁전의 장엄과 사자좌의 장엄 등 말로 다 설명할 수 없이 많고 많은 장엄을 나열하였다. 그것이 화엄경을 이해하는 열쇠다. 또한 세상과 인생을 이해하는 열쇠다.

예 도 량 시　　현 견 시 방 일 체 여 래　　예 도 량 시
詣道場時에 **現見十方一切如來**하며 **詣道場時**

거 족 하 족　　상 입 삼 매　　염 념 성 불　　무 유 초
에 **擧足下足**에 **常入三昧**하야 **念念成佛**하야 **無有超**

격
隔하며

"도량에 나아갈 적에 시방의 모든 여래를 분명히 보며, 도량에 나아갈 적에 발을 들거나 발을 놓을 적마다 항상 삼매에 들어가서 잠깐잠깐 동안에 부처님을 이루되 뛰어넘거나 막힘이 없느니라."

보살이 7일간의 바른 선정에 들기 위해서 도량에 나아갈 적에 이미 시방의 모든 여래를 분명히 보았다. 또 보살이 도

량에 나아갈 적에 발을 들거나 발을 놓을 적마다 항상 삼매에 들어가서 잠깐잠깐 동안에 성불하여 장애가 없다. "보살이 도솔천을 떠나지 않고 이미 왕궁에 내려오셨으며, 모태에서 나오지 않고 사람들을 이미 다 제도하여 마쳤다."고도 하였는데 어떤 일인들 이루지 않았겠는가.

예 도 량 시　　일 체 천 룡 야 차 건 달 바 아 수 라 가
詣道場時에 **一切天龍夜叉乾闥婆阿修羅迦**

루 라 긴 나 라 마 후 라 가　　석 범 호 세 일 체 제 왕　　각
樓羅緊那羅摩睺羅伽와 **釋梵護世一切諸王**이 **各**

불 상 지　　이 흥 종 종 상 묘 공 양
不相知호대 **而興種種上妙供養**하며

"도량에 나아갈 적에 모든 천신과 용과 야차와 건달바와 아수라와 가루라와 긴나라와 마후라가와 제석과 범천왕과 사천왕과 일체 모든 왕이 각각 서로 알지 못하면서 갖가지 훌륭한 공양을 일으키느니라."

보살이 도량에 나아갈 적에 이미 모든 천신과 용과 야차

와 건달바와 아수라 등이 서로 그 사실을 알지 못하면서도 모두 훌륭한 공양을 올리게 되었다.

예 도 량 시　　이 무 애 지　　보 관 일 체 제 불 여 래
詣道場時에 **以無礙智**로 **普觀一切諸佛如來**가

어 일 체 세 계　　수 보 살 행　　이 성 정 각　　시 위 십
於一切世界에 **修菩薩行**하야 **而成正覺**이 **是爲十**이니

보 살　　이 차 교 화 중 생
菩薩이 **以此教化衆生**이니라

"도량에 나아갈 적에 걸림 없는 지혜로 일체 모든 부처님 여래께서 모든 세계에서 보살의 행을 닦아 바른 깨달음 이룸을 두루 보느니라. 이것이 열이니, 보살이 이것으로 중생을 교화하느니라."

보살이 도량에 나아갈 적에 이미 걸림 없는 지혜로 일체 모든 부처님 여래께서 모든 세계에서 보살의 행을 닦아 바른 깨달음을 이루게 된 사실을 두루 다 보았다. 부처님이 깨달음을 이루신 그 길은 보살도 스스로 갈 길임을 밝게 안

것이다.

2> 보살이 도량에 앉을 때 열 가지 일이 있다

불자　보살마하살　좌도량시　유십종사
佛子야 菩薩摩訶薩이 坐道場時에 有十種事하니

하등　위십　소위좌도량시　종종진동일체세
何等이 爲十고 所謂坐道場時에 種種震動一切世

계　좌도량시　평등조요일체세계
界하며 坐道場時에 平等照耀一切世界하며

"불자여, 보살마하살은 도량에 앉을 때 열 가지 일이 있으니 무엇이 열인가. 이른바 도량에 앉을 때에 갖가지로 모든 세계를 진동시키며, 도량에 앉을 때에 모든 세계를 평등하게 비추느니라."

보살이 출가하여 6년간 고행을 하시고 나서 정각을 이루기 위하여 보리도량에 나아가 드디어 금강보좌에 앉으시는데 열 가지 일이 있음을 밝혔다. 먼저 보살이 보리도량에 앉을 때에 갖가지로 모든 세계를 진동시키며, 또 도량에 앉을 때에 모든 세계를 평등하게 비추었다.

부처님이 정각을 이루어 이 세상에 끼치신 그 덕화를 생각하면 부처님의 일거수일투족이 얼마나 소중하고 위대한 일이었는가 아무리 세밀하게 쪼개고 분석해서 그 의미를 드날린다 하더라도 지나치지 않을 것이다.

좌 도 량 시　　제 멸 일 체 제 악 취 고　　좌 도 량 시
坐道場時에 **除滅一切諸惡趣苦**하며 **坐道場時**

　영 일 체 세 계　　금 강 소 성
에 **令一切世界**로 **金剛所成**이며

"도량에 앉을 때에 일체 모든 나쁜 길의 고통을 소멸하며, 도량에 앉을 때에 모든 세계가 금강으로 이루어지게 하느니라."

보살이 보리도량에 앉는다는 것은 곧 비로소 정각을 이룸과 같다. 그러므로 보살이 도량에 앉을 때에 이미 일체 모든 나쁜 길의 고통을 소멸하였으며, 보살이 도량에 앉을 때 그 땅은 견고하여 일체 세계가 다이아몬드로 이루어졌다고

하는 것이다.

좌 도 량 시 보 관 일 체 제 불 여 래 사 자 지 좌
坐道場時에 **普觀一切諸佛如來獅子之座**하며

좌 도 량 시 심 여 허 공 무 소 분 별
坐道場時에 **心如虛空**하야 **無所分別**하며

"도량에 앉을 때에 일체 모든 부처님 여래의 사자좌
를 널리 관찰하며, 도량에 앉을 때에 마음이 허공과 같
아서 분별이 없느니라."

보살이 도량에 앉을 때에 모든 여래의 사자좌를 널리 관
찰하며, 또 마음이 허공과 같아서 분별이 없다.

좌 도 량 시 수 기 소 응 현 신 위 의 좌 도
坐道場時에 **隨其所應**하야 **現身威儀**하며 **坐道**

량 시 수 순 안 주 금 강 삼 매
場時에 **隨順安住金剛三昧**하며

"도량에 앉을 때에 마땅한 대로 몸의 위의威儀를 나타내며, 도량에 앉을 때에 금강삼매를 수순하여 편안히 머무느니라."

보살이 도량에 앉을 때에 마땅한 대로 몸의 위의를 나타내며, 금강삼매를 수순하여 편안히 머문다.

좌 도 량 시　　수 일 체 여 래 신 력 소 지 청 정 묘 처
坐道場時에 **受一切如來神力所持清淨妙處**하며

좌 도 량 시　　자 선 근 력　　실 능 가 피 일 체 중 생
坐道場時에 **自善根力**으로 **悉能加被一切衆生**이

시 위 십
是爲十이니라

"도량에 앉을 때에 모든 여래의 신통한 힘으로 유지되는 청정하고 묘한 곳을 받으며, 도량에 앉을 때에 자기의 착한 뿌리의 힘으로 모든 중생에게 가피하나니, 이 것이 열이니라."

보살이 도량에 앉을 때에 모든 여래의 신통한 힘으로 유지되는 청정하고 묘한 곳을 받으며, 자기의 착한 뿌리의 힘으로 모든 중생에게 가피한다.

3〉 보살이 도량에 앉을 때 열 가지 기특하고 미증유한 일이 있다

불자   보살마하살   좌도량시   유십종기특
佛子야 菩薩摩訶薩이 坐道場時에 有十種奇特

미증유사   하등   위십   불자   보살마하살
未曾有事하니 何等이 爲十고 佛子야 菩薩摩訶薩이

좌도량시   시방세계일체여래   개현기전
坐道場時에 十方世界一切如來가 皆現其前하사

함거우수   이칭찬언   선재선재   무상도
咸擧右手하야 而稱讚言하사대 善哉善哉라 無上導

사   시위제일미증유사
師여함이 是爲第一未曾有事요

"불자여, 보살마하살은 도량에 앉을 때 열 가지 기특하고 미증유한 일이 있으니 무엇이 열인가. 불자여, 보살마하살이 도량에 앉을 때에 시방세계의 모든 여래가

그 앞에 나타나서 다 같이 오른손을 들고 칭찬하시되 '훌륭하고 훌륭하여라, 위없는 도사導師여.'라고 하나니, 이것이 첫째 미증유한 일이니라."

보살이 도량에 앉을 때에 다시 특별하고도 미증유한 열 가지 일이 있다. 첫째, 시방세계의 모든 여래가 그 앞에 나타나서 다 같이 오른손을 들고 '훌륭하고 훌륭하여라, 위없는 도사여.'라고 칭찬한다. 보살이 이제 곧 세상에서 가장 높은 도사가 되기 때문이다.

보 살 마 하 살　　좌 도 량 시　　일 체 여 래　　개 실 호
菩薩摩訶薩이 坐道場時에 一切如來가 皆悉護

념　　여 기 위 력　　시 위 제 이 미 증 유 사
念하사 與其威力이 是爲第二未曾有事요

"보살마하살이 도량에 앉을 때에 모든 여래께서 모두 보호하여 염려하시고 위덕의 힘을 주시나니, 이것이 둘째 미증유한 일이니라."

둘째, 일체 여래께서 모두 보호하여 염려하시고 위덕의 힘을 주신다.

보살 마 하 살　좌 도 량 시　숙 세 동 행 제 보 살
菩薩摩訶薩이 坐道場時에 宿世同行諸菩薩

중　실 래 위 요　이 종 종 장 엄 구　공 경 공 양
衆이 悉來圍繞하야 以種種莊嚴具로 恭敬供養이

시 위 제 삼 미 증 유 사
是爲第三未曾有事요

"보살마하살이 도량에 앉을 때에 지난 세상에 함께 수행하던 보살들이 모두 와서 둘러싸고 갖가지 장엄거리로 공경하고 공양하나니, 이것이 셋째 미증유한 일이니라."

셋째, 지난 세상에 함께 수행하던 보살들이 모두 와서 둘러싸고 갖가지 장엄거리로 공경하고 공양한다.

보 살 마 하 살　　좌 도 량 시　　일 체 세 계 초 목 총
菩薩摩訶薩이 坐道場時에 一切世界草木叢

림 제 무 정 물　　개 곡 신 저 영　　귀 향 도 량　　시 위
林諸無情物이 皆曲身低影하야 歸向道場이 是爲

제 사 미 증 유 사
第四未曾有事요

"보살마하살이 도량에 앉을 때에 모든 세계의 초목
과 숲과 온갖 무정물無情物이 다 같이 몸을 굽히고 그림
자를 낮추어 도량으로 향하나니, 이것이 넷째 미증유한
일이니라."

넷째, 모든 세계의 초목과 숲과 온갖 무정물이 다 같이
몸을 굽히고 그림자를 낮추어 도량으로 향한다. 참으로 신
비하고 미증유한 일이다.

보 살 마 하 살　　좌 도 량 시　　입 삼 매　　　명 관 찰
菩薩摩訶薩이 坐道場時에 入三昧하니 名觀察

법 계　　차 삼 매 력　　능 령 보 살 일 체 제 행　　실 득
法界라 此三昧力이 能令菩薩一切諸行으로 悉得

원 만   시 위 제 오 미 증 유 사
圓滿이 **是爲第五未曾有事**요

"보살마하살이 도량에 앉을 때에 삼매에 드시니 이름이 '법계를 관찰함'이라. 이 삼매의 힘으로 보살의 일체 모든 행이 모두 다 원만하여지나니, 이것이 다섯째 미증유한 일이니라."

다섯째, 보살이 도량에 앉을 때에 삼매에 드시니 삼매의 힘으로 보살의 일체 모든 행이 모두 다 원만하여졌다.

보 살 마 하 살   좌 도 량 시   득 다 라 니   명 최
菩薩摩訶薩이 **坐道場時**에 **得陀羅尼**하니 **名最**

상 이 구 묘 광 해 장   능 수 일 체 제 불 여 래 대 운 법
上離垢妙光海藏이라 **能受一切諸佛如來大雲法**

우   시 위 제 육 미 증 유 사
雨가 **是爲第六未曾有事**요

"보살마하살이 도량에 앉을 때에 다라니를 얻으니 이름이 '가장 높고 때를 여읜 묘한 빛 바다 창고'라. 능

히 일체 모든 부처님 여래의 큰 구름 법의 비를 받나니,
이것이 여섯째 미증유한 일이니라."

여섯째는 다라니를 얻어 모든 부처님의 큰 구름 법의 비
를 받는다.

보살마하살 좌도량시 이위덕력   흥상
菩薩摩訶薩이 坐道場時에 以威德力으로 興上

묘공구   변일체세계   공양제불   시위제칠
妙供具하야 偏一切世界하야 供養諸佛이 是爲第七

미증유사
未曾有事요

"보살마하살이 도량에 앉을 때에 위덕의 힘으로 훌
륭한 공양거리를 일으켜 일체 세계에 두루 하여 모든
부처님께 공양하나니, 이것이 일곱째 미증유한 일이
니라."

일곱째는 위덕의 힘으로 훌륭한 공양거리를 일으켜 일체

세계에 두루 하여 모든 부처님께 공양한다.

보살마하살 좌도량시 주최승지 실현
菩薩摩訶薩이 坐道場時에 住最勝智하야 悉現

요지일체중생 제근의행 시위제팔미증유사
了知一切衆生의 諸根意行이 是爲第八未曾有事요

"보살마하살이 도량에 앉을 때에 가장 수승한 지혜에 머물러 일체 중생의 모든 근根과 뜻의 행을 밝게 알아 모두 나타내나니, 이것이 여덟째 미증유한 일이니라."

여덟째는 가장 수승한 지혜에 머물러 일체 중생의 모든 근과 뜻의 행을 밝게 알아 모두 나타낸다.

보살마하살 좌도량시 입삼매 명선각
菩薩摩訶薩이 坐道場時에 入三昧하니 名善覺

차삼매력 능령기신 충만삼세진허공계
이라 此三昧力이 能令其身으로 充滿三世盡虛空界

일체 세 계　　시 위 제 구 미 증 유 사
一切世界가 是爲第九未曾有事요

　"보살마하살이 도량에 앉을 때에 삼매에 들어가니 이름이 '잘 깨달음'이라. 이 삼매의 힘으로 그 몸이 세 세상의 온 허공계와 일체 세계에 가득하게 하나니, 이 것이 아홉째 미증유한 일이니라."

　아홉째는 삼매에 들어가 삼매의 힘으로 그 몸이 세 세상 의 온 허공계와 일체 세계에 가득하게 한다.

　　보 살 마 하 살　　좌 도 량 시　　득 이 구 광 명 무 애
　　菩薩摩訶薩이 坐道場時에 得離垢光明無礙

대 지　　　영 기 신 업　　보 입 삼 세　　시 위 제 십 미
大智하야 令其身業으로 普入三世가 是爲第十未

증 유 사　　불 자　　시 위 보 살 마 하 살　　좌 도 량 시
曾有事니 佛子야 是爲菩薩摩訶薩의 坐道場時에

십 종 기 특 미 증 유 사
十種奇特未曾有事니라

"보살마하살이 도량에 앉을 때에 때를 여읜 광명과 걸림 없는 큰 지혜를 얻어 그 몸의 업으로 세 세상에 두루 들어가게 하나니, 이것이 열째 미증유한 일이니라. 불자여, 이것이 보살마하살이 도량에 앉을 때의 열 가지 기특하고 미증유한 일이니라."

열째는 때를 여읜 광명과 걸림 없는 큰 지혜를 얻어 그 몸의 업으로 세 세상에 두루 들어가게 된다.

4〉 보살이 도량에 앉았을 때 열 가지 뜻을 관찰함으로
    마군을 항복받는다

불 자 보 살 마 하 살 좌 도 량 시 관 십 종 의 고
佛子야 菩薩摩訶薩이 坐道場時에 觀十種義故로

시 현 항 마   하 등 위 십 소 위 위 탁 세 중 생
示現降魔하나니 何等이 爲十고 所謂爲濁世衆生이

낙 어 투 전   욕 현 보 살 위 덕 력 고   시 현 항 마
樂於鬪戰하야 欲顯菩薩威德力故로 示現降魔하며

"불자여, 보살마하살은 도량에 앉았을 때에 열 가지

뜻을 관찰함으로 마魔를 항복받음을 나타내 보이나니 무엇이 열인가. 이른바 혼탁한 세상의 중생들이 싸움을 좋아하기에 보살마하살의 위엄과 도덕의 힘을 나타내려고 마를 항복받느니라."

마군을 항복받는 것으로 정각正覺과 성도成道를 대신해서 표현하고 있다. 부처님의 일생을 나타내는데도 수하항마상樹下降魔相으로 표현하고 정각상이나 성도상은 따로 표현하지 않았다. 항마가 곧 정각이며 성도다. 항마의 열 가지 뜻을 관찰한다.

혼탁한 세상의 중생들은 투쟁을 좋아하는 것을 밝혔다. 층간 소음으로 투쟁하고, 주차 문제로 투쟁하고, 피를 나눈 형제간에 재산 문제로 투쟁한다. 같은 민족 사이에도 투쟁하고, 나라와 나라 사이에도 투쟁한다. 오늘날의 세상은 온갖 투쟁으로 잠깐도 쉬는 날이 없다. 세계에서 벌어지고 있는 투쟁의 참극을 다 열거하자면 바닷물을 먹으로 삼아 기록한다 하더라도 다할 수 없다. 그런데 투쟁은 투쟁으로 멈출 수 없다. 보살은 위엄과 도덕의 힘을 나타내어 투쟁의 마를 항복받으려는 것이다.

위 제 천 세 인　유 회 의 자　　단 피 의 고　　시 현
爲諸天世人이 有懷疑者하야 斷彼疑故로 示現

항 마
降魔하며

"천신과 세상 사람들이 의심하는 이가 있기에 그 의
심을 끊으려고 마를 항복받느니라."

천신과 세상 사람들 중에 마는 강하고 부처님의 법은 약
한 것이 아닌가 하고 의심하는 이가 있기에 그 의심을 끊으
려고 보살은 위엄과 도덕의 힘으로 마를 항복받는다.

위 교 화 조 복 제 마 군 고　　시 현 항 마　　위 욕 령
爲敎化調伏諸魔軍故로 示現降魔하며 爲欲令

제 천 세 인　낙 군 진 자　함 래 취 관　　심 조 복 고
諸天世人의 樂軍陣者로 咸來聚觀하고 心調伏故

시 현 항 마
로 **示現降魔**하며

"모든 마의 군대를 교화하고 조복하려고 마를 항복 받으며, 모든 하늘과 세상 사람들의 전쟁을 좋아하는 이들로 하여금 다 와서 보고 마음이 조복되게 하려고 마를 항복받느니라."

'마군을 항복받는다'는 항마降魔는 부처님의 일생을 표현한 팔상八相의 하나이다. 악마를 대치항복對治降伏하는 것인데 부처님이 보리수나무 아래에서 성도하려 할 때에 욕계 제6천의 왕이 악마의 모양을 나타내고 와서 난폭하게 위압하고 괴롭히고, 또는 그럴듯한 말로 달래기도 하였으나 부처님은 이것을 모두 항복받았다.

불법에는 어떤 악한 마든 물리쳐서 버리는 대상은 없다. 다만 교화하고 조복받아서 귀의하게 할 뿐이다. 또 천신이나 세상 사람들이 전쟁을 좋아하는데 모두 교화하고 조복받아서 귀의하라는 것을 보여 주려고 마를 항복받는 것이다.

위 현 시 보살 소유위력　세무능적고　시 현
爲顯示菩薩所有威力이 世無能敵故로 示現

항 마　　위욕발기일체중생　용맹력고　시 현
降魔하며 爲欲發起一切衆生의 勇猛力故로 示現

항 마
降魔하며

"보살의 위엄과 힘을 세상에 대적할 이가 없음을 보
이려고 마를 항복받으며, 모든 중생의 용맹한 힘을 일
으키려고 마를 항복받느니라."

보살은 마를 항복받는 데 무력으로 하지 않는다. 지혜와
복덕과 덕화의 힘으로 감화시킨다. 이와 같은 힘은 세상에
서 대적할 이가 없다. 일체 중생에게 본보기가 되게 한다.

위 애 민 말 세 제 중 생고　시 현 항 마　　위 욕 현
爲哀愍末世諸衆生故로 示現降魔하며 爲欲顯

시 내 지 도 량　유 유 마 군　이 래 촉 뇌　차 후
示乃至道場히 猶有魔軍이 而來觸惱라가 此後에야

내 득 초 마 경 계 고   시 현 항 마
乃得超魔境界故로 **示現降魔**하며

　"말세의 모든 중생을 불쌍하게 여기어서 마를 항복
받으며, 도량에까지 마의 군대가 와서 시끄럽게 하나니
이런 뒤에야 마의 경계를 초월함을 보이려고 마를 항복
받느니라."

　'마를 항복받는다'는 것에는 정각을 이루어 진리의 가르
침을 세상에 널리 편다는 뜻이 들어 있다. 진리의 가르침으
로 말세의 불쌍한 모든 중생을 널리 깨우친다. 또 보살이 수
행하고 있는 보리도량에까지 마의 군대가 와서 시끄럽게 하
였다. 보살은 그와 같은 일을 겪고 나서야 마의 경계를 초월
함을 보인 것이다.

　　　위 현 번 뇌   업 용 이 열   대 자 선 근   세 력 강
　　爲顯煩惱의 **業用羸劣**하고 **大慈善根**의 **勢力强**

성 고   시 현 항 마   위 욕 수 순 탁 악 세 계 소 행 법
盛故로 **示現降魔**하며 **爲欲隨順濁惡世界所行法**

고　시현항마　시위십
故로 **示現降魔**가 **是爲十**이니라

　"번뇌업의 작용은 용렬하고 큰 자비와 착한 뿌리의
세력은 강성함을 나타내려고 마를 항복받으며, 혼탁하
고 악한 세계에서 행하는 법을 따르려고 마를 항복받나
니, 이것이 열이니라."

　번뇌가 아무리 치성하더라도 그 업의 작용은 용렬하다.
그래서 보살의 큰 자비와 착한 뿌리의 강성한 세력 앞에는
견딜 수 없다는 것을 보여 준다. 또 혼탁하고 악한 세계에서
는 보살이 행하는 훌륭한 불사에도 반드시 마의 장난이 따
른다는 것을 보여 준다. 좋은 일에는 마의 장난이 많다고
하였다. 어떤 일을 하든지 반드시 각오해야 하는 일이기도
하다.

5〉 보살은 열 가지 여래의 힘을 이룸이 있다

불자　보살마하살　유십종성여래력　하
佛子야 **菩薩摩訶薩**이 **有十種成如來力**하니 **何**

등　위십　소위초과일체중마번뇌업고　성여
等이 爲十고 所謂超過一切衆魔煩惱業故로 成如

래력　구족일체보살행　유희일체보살삼
來力하며 具足一切菩薩行하야 遊戲一切菩薩三

매문고　성여래력
昧門故로 成如來力하며

"불자여, 보살마하살은 열 가지 여래의 힘을 이룸이
있으니 무엇이 열인가. 이른바 일체 온갖 마와 번뇌의
업을 뛰어넘었으므로 여래의 힘을 이루며, 모든 보살의
행을 구족하고 모든 보살의 삼매문에 유희하므로 여래
의 힘을 이루느니라."

앞에서 마군을 항복받은 것은 곧 정각을 이루어 부처님
이 되었다는 것과 뜻이 같다. 마군을 항복받은 뒤 이제 정각
을 이루고 여래가 되어 열 가지 여래의 힘을 이룬 것에 대해
서 밝힌다. 즉 여래가 된 보살은 온갖 마와 번뇌의 업을 뛰
어넘었으며, 모든 보살의 행을 구족하고 모든 보살의 삼매
문에 유희한다.

구족일체보살광대선정고　성여래력　원
具足一切菩薩廣大禪定故로 **成如來力**하며 **圓**

만일체백정조도법고　성여래력
滿一切白淨助道法故로 **成如來力**하며

"모든 보살의 광대한 선정을 구족하므로 여래의 힘을 이루며, 온갖 희고 깨끗한 도를 돕는 법을 원만히 하므로 여래의 힘을 이루느니라."

또 여래가 된 보살은 모든 보살의 광대한 선정을 구족하며, 온갖 희고 깨끗한 도를 돕는 법을 원만히 한다.

득일체법지혜광명선사유분별고　성여래
得一切法智慧光明善思惟分別故로 **成如來**

력　기신　주변일제세계고　성여래력
力하며 **其身**이 **周徧一切世界故**로 **成如來力**하며

"모든 법의 지혜 광명을 얻어 잘 생각하고 분별하므로 여래의 힘을 이루며, 그 몸이 모든 세계에 두루 하므로 여래의 힘을 이루느니라."

또 여래가 된 보살은 모든 법의 지혜 광명을 얻어 잘 생각하고 분별하며, 그 몸이 모든 세계에 두루 한다.

소 출 언 음   실 여 일 체 중 생 심 등 고   성 여 래
所出言音이 悉與一切衆生心等故로 成如來

력   능 이 신 력   가 지 일 체 고   성 여 래 력
力하며 能以神力으로 加持一切故로 成如來力하며

"하는 말과 음성이 일체 중생의 마음과 평등하므로 여래의 힘을 이루며, 능히 신통한 힘으로 모든 것에 가 지加持하므로 여래의 힘을 이루느니라."

또 여래가 된 보살은 하는 말과 음성이 일체 중생의 마음과 평등하며, 신통한 힘으로 모든 것에 가피한다.

여 삼 세 제 불   신 어 의 업   등 무 유 이   어 일
與三世諸佛로 身語意業이 等無有異하야 於一

념 중   요 삼 세 법 고   성 여 래 력
念中에 了三世法故로 成如來力하며

"세 세상 모든 부처님의 몸과 말과 뜻의 업이 평등하여 다르지 않으며 한 생각에 세 세상의 법을 알므로 여래의 힘을 이루느니라."

또 여래가 된 보살은 삼세 모든 부처님의 몸과 말과 뜻의 업이 평등하여 다르지 않으며 또한 한 생각에 삼세의 법을 다 안다.

득선각지삼매　　구여래십력　　　소위시처
得善覺智三昧하야 具如來十力하나니 所謂是處

비처지력　　내지누진지력고　성여래력　시
非處智力으로 乃至漏盡智力故로 成如來力이 是

위십　　약제보살　구차십력　　즉명여래응정
爲十이니 若諸菩薩이 具此十力하면 則名如來應正

등각
等覺이니라

"잘 깨닫는 지혜의 삼매를 얻어 여래의 열 가지 힘을 갖추나니, 이른바 옳은 곳과 그른 곳을 아는 지혜의 힘과, 내지 번뇌가 다한 지혜의 힘이니라. 그러므로 여래의 힘을 이루느니라. 이것이 열이니, 만일 모든 보살이 이 열 가지 힘을 갖추면 여래 응공 정등각이라 이름하느니라."

여래의 열 가지 힘은 중생의 옳은 곳과 그른 곳을 아는 지혜와, 과거 미래 현재에 업으로 받는 과보를 아는 지혜와, 모든 근성이 영리하고 둔함을 아는 지혜와, 갖가지 경계를 아는 지혜와, 가지가지 이해를 아는 지혜와, 온갖 곳에 이르러 갈 길을 아는 지혜와, 모든 선정과 해탈과 삼매와 때 묻고 깨끗함이 일어나는 때와 때 아님을 아는 지혜와, 일체 세계에서 지난 세상에 머물던 일을 기억함에 따라 아는 지혜와, 천안통의 지혜와, 누진통漏盡通의 지혜 등이다. 이와 같은 여래의 힘을 이룬 이는 여래이면서 곧 보살이고, 보살이면서 곧 여래이다.

(9) 여래가 법륜法輪을 굴리다

1〉여래가 법륜을 굴리는 데 열 가지 일이 있다

불자 여래응정등각 전대법륜 유십종사
佛子야 **如來應正等覺**이 **轉大法輪**에 **有十種事**

하등 위십 일자 구족청정사무외지
하니 **何等**이 **爲十**고 **一者**는 **具足淸淨四無畏智**요

"불자여, 여래 응공 정등각께서 큰 법륜을 굴리는 데 열 가지 일이 있으니 무엇이 열인가. 하나는 네 가지 두려움 없는 지혜를 구족하게 청정함이니라."

여래가 되어 이제 법륜을 굴리는 것을 밝혔다. 네 가지 두려움 없는 지혜란 곧 사무소외四無所畏로서 불·보살이 설법할 적에 두려운 생각이 없는 지력智力의 네 가지이다. 정등각무외正等覺無畏는 일체 모든 법을 평등하게 깨달아 다른 이의 힐난詰難을 두려워하지 않는 것이고, 누영진무외漏永盡無畏는 온갖 번뇌를 다 끊었노라고 하여 외난外難을 두려워하지 않는 것이고, 설장법무외說障法無畏는 보리를 장애하는 것을 말하되 악법惡法은 장애되는 것이라고 말해서 다른 이의 비난을 두려워하지 않는 것이고, 설출도무외說出道無畏는 고통 세

계를 벗어나는 요긴한 길을 표시해서 다른 이의 비난을 두려워하지 않는 것이다.

이 자 출생 사변 수 순 음 성
二者는 出生四辯隨順音聲이요

"둘은 네 가지 변재를 따르는 음성을 냄이니라."

정각을 이루고 법을 설하는 데는 반드시 네 가지 변재를 따르는 음성을 낸다. 네 가지 변재는 사무애변四無礙辯으로서, 마음의 방면으로는 지智 또는 해解라 하고, 입의 방면으로는 변辯이라 한다. 법무애法無礙는 온갖 교법에 통달한 것이며, 의무애義無礙는 온갖 교법의 요의要義를 아는 것이며, 사무애辭無礙는 여러 가지 말을 알아 통달하지 못함이 없는 것이며, 요설무애樂說無礙는 온갖 교법을 알아 기류機類가 듣기 좋아하는 것을 말하는 데 자재한 것이다.

삼 자　　선 능 개 천 사 진 제 상
三者는 善能開闡四眞諦相이요

"셋은 네 가지 참이치를 잘 열어 밝힘이니라."

법륜을 굴리는데 사무소외와 사변재로 맨 처음 사성제를
설하였다. 네 가지 참이치[四眞諦]는 사성제四聖諦를 뜻하는
듯하지만 증거할 바가 없다. 그러나 여래께서 처음 정각을
이루고 사성제를 설하신 것을 생각해 볼 때 사성제인 것으
로 여겨진다. 참다운 것[眞]과 성스러운 것[聖]은 같은 뜻이다.

사 자　　수 순 제 불 무 애 해 탈
四者는 隨順諸佛無礙解脫이요

"넷은 모든 부처님의 걸림 없는 해탈을 순종함이니라."

사성제 법문 다음의 법륜으로 모든 부처님의 걸림 없는
해탈에 대한 설법이 이어진 것을 밝혔다.

오 자　능 령 중 생　　심 개 정 신
五者는 **能令衆生**으로 **心皆淨信**이요

"다섯은 중생들로 하여금 마음이 다 깨끗하게 되고 믿게 함이니라."

보살이 정각을 이룬 후 온갖 진리의 설법을 모든 중생이 다 믿게 하는 것이 법륜을 굴리는 중요한 목적이다.

육 자　소 유 언 설　개 부 당 연　능 발 중 생
六者는 **所有言說**이 **皆不唐捐**하야 **能拔衆生**의

제 고 독 전
諸苦毒箭이요

"여섯은 말하는 것이 모두 헛되지 않아서 중생들의 모든 고통의 화살을 뽑아내느니라."

초기불교의 설법은 고집멸도 사성제를 설하여 중생들의 고통을 제거하는 것이 중요한 목적이었다. 고통의 화살[毒箭]이란 번뇌를 말한다. 번뇌는 사람을 해치는 것이므로 독을

바른 화살에 비유하였다.

칠 자　대 비 원 력 지 소 가 지
七者는 **大悲願力之所加持**요

"일곱은 크게 가엾이 여기는 원력으로 가지加持함이
니라."

보살이 법륜을 굴리는데 대자대비로 중생들에게 가피하
는 것이 매우 중요하다. 이것은 보살대승불교의 정신이다.

팔 자　수 출 음 성　　보 변 시 방 일 체 세 계
八者는 **隨出音聲**하야 **普徧十方一切世界**요

"여덟은 내는 음성마다 시방의 일체 세계에 두루 함
이니라."

보살이 사자후로 진리를 설하는 소리가 시방의 일체 세
계에 두루 하여 모든 사람을 깨우치는 것이 법륜을 굴리는

목적이다.

구 자   어 아 승 지 겁   설 법 부 단
九者는 **於阿僧祇劫**에 **說法不斷**이요

"아홉은 아승지겁 동안 법을 설하여 끊어지지 않음
이니라."

보살이 법륜을 굴리는 일은 아무리 오랜 세월이라 하더
라도 끊어져서는 안 된다. 법륜을 굴리는 소리가 끊어지는
것은 곧 법의 종자가 끊어지는 것이다.

십 자   수 소 설 법   개 능 생 기 근 력 각 도 선 정
十者는 **隨所說法**하야 **皆能生起根力覺道禪定**
해 탈 삼 매 등 법   불 자   제 불 여 래   전 어 법 륜
解脫三昧等法이니 **佛子**야 **諸佛如來**가 **轉於法輪**에
유 여 시 등 무 량 종 사
有如是等無量種事니라

"열은 설하는 법을 따라서 오근五根과 오력五力과 칠각

분七覺分과 팔정도八正道와 선정과 해탈과 삼매 등의 법을 모두 냄이니라. 불자여, 모든 부처님 여래께서 법륜을 굴리시는 데는 이와 같은 한량없는 일이 있느니라."

모든 부처님 여래께서 법륜을 굴리시는 일은 무수히 많다. 이를테면 팔만사천 법문이 그것이다. 또 팔만대장경이 그것이다. 간략히 말하면 오근五根과 오력五力과 칠각분七覺分과 팔정도八正道와 선정과 해탈과 삼매 등이 그것이다.

2) 여래가 법륜을 굴릴 적에 열 가지 일로써 중생의 마음에 법을 심다

불자 여래응정등각 전법륜시   이십사고
佛子야 如來應正等覺이 轉法輪時에 以十事故로

어중생심중   종백정법   무공과자 하등   위
於衆生心中에 種白淨法하야 無空過者니 何等이 爲

십   소위과거원력고   대비소지고
十고 所謂過去願力故며 大悲所持故며

"불자여, 여래 응공 정등각께서 법륜을 굴릴 적에 열

가지 일로 중생의 마음에 희고 깨끗한 법을 심고 헛되게 지내는 일이 없나니 무엇이 열인가. 이른바 과거에 서원한 힘이며, 크게 가엾이 여김으로 유지하는 바이니라."

여래가 법륜을 굴릴 적에 열 가지 일로써 중생들의 마음에 희고 깨끗한 법을 심어서 헛되게 지내는 일이 없는데 그것은 모두 과거에 서원한 힘과 크게 가엾이 여기는 마음 때문이다.

불사중생고　지혜자재　　수기소락　　위
不捨衆生故며 **智慧自在**하야 **隨其所樂**하야 **爲**

설법고　필응기시　　미증실고　수기소의
說法故며 **必應其時**하야 **未曾失故**며 **隨其所宜**하야

무망설고
無妄說故며

"중생을 버리지 않음이며, 지혜가 자재하여 그들의 좋아함을 따라서 법을 설함이며, 때를 따라서 놓치지 않음이며, 마땅함을 따르고 망령되게 설하지 않음이니라."

여래가 법을 설하여 훌륭한 법을 심어 헛되지 않게 하는 것은 중생을 버리지 않고, 지혜가 자재하여 그들의 좋아함을 따라서 법을 설하고, 때를 따라서 놓치지 않고, 마땅함을 따르고 망령되게 설하지 않기 때문이다.

지삼세지　선요지고　기신최승　무여등
知三世智로 善了知故며 其身最勝하야 無與等

고　언사자재　무능측고　지혜자재　수소
故며 言辭自在하야 無能測故며 智慧自在하야 隨所

발언　실개오고　시위십
發言하야 悉開悟故니 是爲十이니라

"세 세상을 아는 지혜로 잘 알며, 그 몸이 가장 수승하여 더불어 같은 이가 없으며, 말하는 것이 자유자재하여 측량할 이가 없으며, 지혜가 자재하여 말하는 대로 모두 깨닫는 연고이니, 이것이 열이니라."

여래가 법을 설하여 훌륭한 법을 심어 헛되지 않게 하는 것은 세 세상을 아는 지혜로 잘 알기 때문이며, 그 몸이 가장 수승하여 더불어 같은 이가 없기 때문이며, 말하는 것이 자유자재하여 측량할 이가 없기 때문이며, 지혜가 자재하여 말하는 대로 모두 깨닫게 되기 때문이다.

(10) 불사를 짓고 나서
　　　열 가지 뜻을 관찰하려고 열반을 보이다

　　불자　여래응정등각　작불사이　관십종의
佛子야 **如來應正等覺**이 **作佛事已**에 **觀十種義**

고　시반열반　　하등　위십　소위시일체행
故로 **示般涅槃**하나니 **何等**이 **爲十**고 **所謂示一切行**

　실무상고
이 **實無常故**며

"불자여, 여래 응공 정등각께서 불사를 짓고는 열 가지 이치를 관찰하기 위하여 열반에 듦을 보이나니 무엇이 열인가. 이른바 모든 행이 진실로 무상함을 보임이니라."

여래가 지은 불사란 도솔천에서 내려오시고, 모태에 들

고, 출생하시고, 빙긋이 미소를 지으시고, 일곱 걸음을 걸으시고, 동자의 지위에 있으면서 온갖 세상의 경험을 쌓으시고, 궁전에 사시고, 출가하시고, 고행하시고, 보리도량에 나아가시고, 보리도량에 앉으시고, 마군을 항복받으시고, 여래의 힘을 이루시고, 큰 법륜을 굴리시는 등의 일이다.

그러고는 드디어 열반에 드시게 되는데 역시 열 가지 뜻이 있다. 첫째는 제행무상諸行無常의 이치를 보이기 위해서이다. 여래라 한들 제행무상의 이치에서 벗어나겠는가. 일체 존재의 존재 원리이기 때문이다. 그토록 우러러보고 의지했던 부처님이 열반에 드시는 것을 눈앞에서 지켜보면서 실로 제행무상을 깨닫지 않을 사람은 없었을 것이다.

시 일 체 유 위　　비 안 은 고
示一切有爲가 **非安隱故**며

"모든 함이 있는 법은 편안함이 아님을 보임이니라."

일체 유위의 법은 늙고 병들고 죽기 때문에 비록 여래라 하더라도 편안한 일은 아니다. 그러므로 열반에 들어 편안함을 보인 것이다.

시 대 열 반   시 안 은 처   무 포 외 고
示大涅槃이 **是安隱處**라 **無怖畏故**며

"대열반은 편안한 곳이어서 두려움이 없음을 보임이
니라."

대열반은 소승들이 생각하는 열반과는 다르다. 소승들
의 열반이 번뇌와 고통이 다 사라져 버린 경지라면 대열반은
곧 진여자성이다. 모든 사람이 본래로 갖추고 있는 불성열
반이다. 이와 같이 대열반은 증득하는 것이 아니라 이미 갖
추고 있는 자성열반이다. 이와 같은 자성열반을 잊지 않으
면 대열반은 편안한 곳이며 두려움이 없는 곳이다.

이 제 인 천   낙 착 색 신   위 현 색 신   시 무 상 법
以諸人天이 **樂着色身**에 **爲現色身**이 **是無常法**

영 기 원 주 정 법 신 고
하야 **令其願住淨法身故**며

"모든 사람과 천신들이 육신에 집착하므로 육신은 무상한 법임을 나타내어서 깨끗한 법신에 머물기를 소원하게 함이니라."

부처님의 열반은 사람들로 하여금 육신에 대한 집착을 버리고 청정한 법신을 얻게 하는 계기가 된다. 육신은 비록 부처님이라 하더라도 그 소멸이 있고 무너짐이 있고 끝남이 있기 때문이다.

시 무 상 력 불 가 전 고
示無常力의 **不可轉故**며

"무상의 힘은 바꿀 수 없음을 보임이니라."

해가 뜨고 지는 것을 누가 붙들어 둘 수 있단 말인가. 달이 차고 기우는 것을 누가 말릴 수 있단 말인가. 계절은 춘하추동으로 옮겨 가고 사람은 생로병사하는 제행무상의 절

대의 힘을 누가 바꿀 수 있단 말인가. 부처님의 열반은 이와 같은 이치를 보여 준 것이다.

시 일 체 유 위　불 수 심 주　　부 자 재 고
示一切有爲가 **不隨心住**하야 **不自在故**며

"모든 함이 있는 것은 마음을 따라 머물지도 않고 자유자재하지도 않음을 보임이니라."

일체 유위의 법은 꿈과 같고, 환영과 같고, 물거품과 같고, 그림자와 같아서 어느 것도 내 마음대로 되지 않는다는 것을 보여 준다.

시 일 체 삼 유　개 여 환 화　　불 견 뢰 고
示一切三有가 **皆如幻化**하야 **不堅牢故**며

"모든 세 가지 존재[三有]가 환술과 같아서 견고하지 못함을 보임이니라."

유有는 존재한다는 뜻으로, 삼유三有란 욕유欲有와 색유色有와 무색유無色有이다. 삼계三界와 같은 말이다. 이 삼계까지도 궁극에는 환술과 같아서 견고하지 못함을 보인 것이다.

示涅槃性이 究竟堅牢하야 不可壞故며
시 열 반 성　　구 경 견 뢰　　불 가 괴 고

"열반의 성품은 끝까지 견고하여 깨뜨릴 수 없음을 보임이니라."

대승열반은 진여자성이 곧 열반이며, 불성이 곧 열반이며, 참마음이 곧 열반이며, 차별 없는 참사람이 곧 열반이다. 실로 견고하여 깨뜨릴 수 없다.

示一切法이 無生無起호대 而有聚集散壞相故라
시 일 체 법　　무 생 무 기　　이 유 취 집 산 괴 상 고

"모든 법이 남이 없고 일어남이 없지마는 모이고 흩어지는 모양이 있음을 보임이니라."

일체 법이 본래 불생불멸이며 부증불감이지만 없는 가운데서 생멸이 있고 증감이 있음을 나타내 보이는 것이 또한 열반의 의미이다.

불 자　제 불 세 존　작 불 사 이　　소 원 만 이
佛子야 **諸佛世尊**이 **作佛事已**하며 **所願滿已**하며

전 법 륜 이　　응 화 도 자　개 화 도 이
轉法輪已하며 **應化度者**를 **皆化度已**하며

"불자여, 모든 부처님 세존께서 불사를 지으시고, 소원을 만족하시고, 법륜을 굴리시고, 제도할 이를 다 제도하시니라."

제불세존은 참으로 훌륭한 일생을 사셨으며, 전설과도 같은 일생으로 말로는 다 표현할 수 없는 불사를 지으시고, 열반에 드시었다. 일국의 태자로 탄생하시어 인생의 무상함을 깨달으시고, 출가하시고, 6년간의 피나는 고행 끝에 드디어 정각을 이루시었다. 당신이 깨달으신 존재의 참다운 이치를 설하셔서 제도할 사람은 다 제도하셨다.

유제보살 응수존호   성기별이   법응여
有諸菩薩이 **應受尊號**어든 **成記莂已**에 **法應如**

시입어불변대반열반   불자   시위여래응정
是入於不變大般涅槃이니 **佛子**야 **是爲如來應正**

등각   관십의고   시반열반
等覺의 **觀十義故**로 **示般涅槃**이니라

"모든 보살로서 높은 칭호를 받을 이에게 수기를 주
시고는 법이 응당 이와 같이 변하지 않는 크게 반열반
하는 데 들어가시느니라. 불자여, 이것이 여래 응공 정
등각께서 열 가지 이치를 관찰하시고 반열반하심을 보
이는 것이니라."

보살의 정신과 그 실천행을 깨달아 아는 이들에게는 수
기授記를 주어 당신의 대를 잇게 하시고 드디어 법이 응당 이
와 같이 변하지 않는 대열반에 들어가시었다.

이백 가지 질문에 이천 가지 답을 하는 운흥이백문雲興二
百問에 병사이천답瓶瀉二千答의 법문이 이제 끝났다.

5. 법문의 명칭을
   말하고 배우기를 권하다

불자 차법문 명보살광대청정행 무량
佛子야 此法門이 名菩薩廣大淸淨行이니 無量

제불 소공선설 능령지자 요무량의 개
諸佛의 所共宣說이라 能令智者로 了無量義하야 皆

생환희 영일체보살 대원대행 개득상속
生歡喜하며 令一切菩薩로 大願大行이 皆得相續
이니라

"불자여, 이 법문은 이름이 '보살의 광대하고 청정한
행'이니 한량없는 모든 부처님께서 함께 말씀하시는 것
이니라. 지혜 있는 이로 하여금 한량없는 이치를 알고
환희케 함이며, 모든 보살의 큰 서원과 큰 행을 서로 계
속하게 함이니라."

길고 긴 이백 가지의 질문에 이천 가지로 답하는 내용이 끝나고 이제 법문의 명칭을 말하고 배우기를 권하는 내용이다.

이세간離世間, 즉 세간에 들어가되 세상을 떠나 있는 자세로 세간에 들어가서 중생을 교화한다는 이 법문의 이름은 '보살의 광대하고 청정한 행'이다. 불교가 해야 할 일은 곧 이 광대하고 청정한 보살행뿐이다. 한량없는 모든 부처님이 함께 말씀하시었으며, 지혜 있는 이로 하여금 한량없는 이치를 알고 환희하게 한다. 또한 모든 보살의 큰 서원과 큰 행을 서로 계속하게 하는 법문이다.

불 자 약 유 중 생   득 문 차 법   문 이 신 해
佛子야 若有衆生이 得聞此法하고 聞已信解하며

해 이 수 행   필 득 질 성 아 뇩 다 라 삼 먁 삼 보 리
解已修行하면 必得疾成阿耨多羅三藐三菩提하리니

하 이 고   이 여 설 수 행 고
何以故오 以如說修行故니라

"불자여, 만일 중생들이 이 법문을 듣고는 믿고 이해하

고, 이해하고는 수행하면 반드시 빨리 아뇩다라삼먁삼보
리를 얻나니, 왜냐하면 말한 대로 수행하기 때문이니라."

설한 바와 같이 수행한 이익으로 중생들이 이 법문을 듣
고는 믿고 이해하고, 이해하고는 수행한다면 반드시 가장
높은 깨달음을 이루게 될 것이다.

불자   약제보살   불 여설 행   당 지 시 인   어
佛子야 若諸菩薩이 不如說行이면 當知是人은 於

불 보 리   즉 위 영 리   시 고 보 살   응 여 설 행
佛菩提에 則爲永離니 是故菩薩이 應如說行이니라

"불자여, 만일 모든 보살이 말한 대로 행하지 않으
면 마땅히 알라. 이 사람은 부처님의 보리를 영원히 떠
날 것이니라. 그러므로 보살은 마땅히 말한 대로 행할
지니라."

설한 바와 같이 수행하면 가장 높은 깨달음을 이루지만
만약 모든 보살이 설한 대로 행하지 않으면 이 사람은 부처

님의 보리를 영원히 떠날 것이다. 그러므로 보살은 마땅히
설한 대로 행해야 한다.

불자 차일체보살 공덕행처 결정의화
佛子야 此一切菩薩의 功德行處며 決定義華며

보입일체법 보생일체지 초제세간 이이
普入一切法이며 普生一切智며 超諸世間이며 離二

승도 불여일체제중생공 실능조료일체법
乘道며 不與一切諸衆生共이며 悉能照了一切法

문 증장중생출세선근 이세간법문품
門이며 增長衆生出世善根이며 離世間法門品이라

"불자여, 이것은 모든 보살의 공덕행의 장소며, 결정
한 뜻의 꽃이며, 일체 법에 두루 들어가며, 일체 지혜를
널리 내며, 모든 세간을 조월하며, 이승二乘의 도를 여의
며, 일체 모든 중생과 함께하지 않으며, 일체 법문을 모
두 비추어 알며, 중생의 세간을 벗어나는 선근을 증장
하게 하며, 세간을 여의는 법문품이니라."

법문의 내용을 다시 열 가지로 밝혔다. 보살의 공덕행은 얼마나 아름다운가. 그곳이 바로 이곳이다. 분명하고 확실한 이치의 꽃이다. 일체 법에 두루 들어가는 법문이다. 일체 지혜가 저절로 나오는 가르침이다. 끝내 모든 세간을 초월하게 한다. 마치 저 아름다운 연꽃과 같이. 그래서 세간에서 살되 세간을 초월한 자세로 살게 한다.

應尊重하며 應聽受하며 應誦持하며 應思惟하며 應願樂하며 應修行이니 若能如是면 當知是人은 疾得阿耨多羅三藐三菩提니라

"마땅히 존중하며, 마땅히 들으며, 마땅히 외우며, 마땅히 생각하며, 마땅히 좋아하며, 마땅히 수행할지니, 만일 능히 이와 같이 하면 마땅히 알라. 이 사람은 빨리 아뇩다라삼먁삼보리를 얻느니라."

이세간품의 법문을 다 설하고 나서 모든 불자들이 응당 따라 배우기를 간곡히 권하는 말씀이다.

6. 상서祥瑞가 나타나다

설 차 품 시 불 신 력 고 급 차 법 문 법 여 시 고
說此品時에 **佛神力故**며 **及此法門**의 **法如是故**

시 방 무 량 무 변 아 승 지 세 계   개 대 진 동   대
로 **十方無量無邊阿僧祇世界**가 **皆大震動**하며 **大**

광 보 조
光普照하니라

이 품을 설할 때에 부처님의 신통한 힘과 이 법문의 법이 이와 같은 까닭에 시방의 한량없고 그지없는 아승지 세계가 모두 크게 진동하고 큰 광명이 널리 비치었습니다.

이와 같이 뛰어나고, 수승하고, 청정하고, 존귀하고, 세상에 둘도 없는 법문을 설할 때에 상서가 없을 수 있겠는가. 온 세상이 감동하고 온 천지가 환하게 밝아져서 모든 사람 모든 생명이 큰 지혜의 빛을 입게 되었다.

7. 시방의 부처님이 증명하다

이시   시방제불   개현보현보살전   찬언
爾時에 十方諸佛이 皆現普賢菩薩前하사 讚言

선재선재   불자   내능설차제보살마하
하사대 善哉善哉라 佛子야 乃能說此諸菩薩摩訶

살   공덕행처   결정의화   보입일체불법   출
薩의 功德行處와 決定義華와 普入一切佛法과 出

세간법문품
世間法門品이로다

　그때에 시방의 모든 부처님이 보현보살의 앞에 다
나타나서 칭찬하시었습니다. "훌륭하고 훌륭하여라. 불
자여, 그대가 능히 이 모든 보살마하살의 공덕행의 장
소며, 분명한 진리의 꽃이며, 일체 불법에 두루 들어가
는 출세간법문품을 설하였도다."

화엄경은 부분부분마다 한 품 한 품마다 모두가 감동하며 감격할 내용이다. 특히 이 이세간품은 더욱 놀랍고 감동적이다. 만약 40품 중에서 한 품만 취하라면 서슴없이 이세간품을 취할 것이다. 보현보살의 말씀을 의지해서 참으로 경이롭고도 완벽한 가르침을 세상에 드러내 놓게 되었다. 실로 시방의 모든 부처님이 찬탄하고도 남을 설법이다. 실로 훌륭하고, 훌륭하고, 또 훌륭하십니다.

불자_여 汝已善學此法_{하며} 善說此法_{하며} 汝以

威力_{으로} 護持此法_{일새} 我等諸佛_이 悉皆隨喜_{하노니}

如我等諸佛_이 隨喜於汝_{하야} 一切諸佛_도 悉亦如

是_{니라}

"불자여, 그대가 이미 이 법을 잘 배웠고, 이 법을 잘 설하고, 그대의 위덕과 힘으로 이 법을 능히 보호하여 지니니, 우리 모든 부처님이 모두 따라 기뻐하느니라. 우리 모든 부처님이 그대를 따라 기뻐하듯이 일체 모든 부처님도 또한 그러하니라."

"보현보살이여, 그대가 이미 이 법을 잘 배웠고, 이 법을 잘 설하고, 그대의 위덕과 힘으로 이 법을 능히 보호하여 지니는도다. 우리 모든 부처님이 모두 따라 기뻐하느니라. 우리 모든 부처님이 그대를 따라 기뻐하듯이 일체 모든 부처님도 또한 그러하니라."

백 번이고 천 번이고 마냥 읽고 싶은 찬탄의 말씀이다.

불자　아등제불　실공동심　　호지차경
佛子야 **我等諸佛**이 **悉共同心**으로 **護持此經**하야

영현재미래제보살중　미증문자　개당득문
令現在未來諸菩薩衆의 **未曾聞者**로 **皆當得聞**
이니라

"불자여, 우리 모든 부처님이 모두 같은 마음으로 이 경을 보호하여 지녀서 현재와 미래의 모든 보살들의 아

직 듣지 못한 이로 하여금 모두 다 듣게 하리라."

　이토록 감사하고 또 감사한 말씀에 무슨 군더더기를 붙이겠는가. 그저 깊이깊이 감읍感泣할 뿐이다.

8. 보현보살이 게송을 설하다

이 시 보 현 보 살 마 하 살 승 불 신 력 관 찰
爾時에 **普賢菩薩摩訶薩**이 **承佛神力**하사 **觀察**

시 방 일 체 대 중 계 어 법 계 이 설 송 언
十方一切大衆과 **泊於法界**하고 **而說頌言**하사대

그때에 보현보살마하살이 부처님의 신통한 힘을 받들어 시방의 모든 대중과 법계를 관찰하고 게송으로 설하였습니다.

일곱 권이나 되는 최상의 진리의 가르침을 세상에 펼쳐놓고 나니 그 여운이 몸으로 마음으로 세상에 널리널리, 깊고 또 깊게 퍼져서 노래라도 한 자락 부르지 않을 수 없다. 그래서 다시 또 길고 긴 노래를 목청껏 불러 본다.

청량스님은 게송 부분에 대해서 "열 번째 게송 부분은 모두 215게송 반이다. 셋으로 나누면 제1은 7언으로 된 여덟

게송인데 덕이 깊고 넓음을 찬탄하여 설법의 한계를 밝혔다.
제2는 게송의 글 기심其心 아래의 131게송 반이다. 행의 덕을
모두 보여 깊고 넓음을 간략히 나타내었다. 위의 두 가지는
가타伽陀이다. 제3은 의어불지依於佛智 아래 76게송인데 앞의
장문에 나온 것을 게송하였으니 곧 기야祇夜이다."[3]라고 하
였다.

  청량스님의 글 중 가타伽陀는 9부교部敎의 하나이며 12부
경部經의 하나이다. 가타伽他ㆍ게타偈陀 혹은 게偈라고만 쓰기
도 한다. 풍송諷誦ㆍ諷頌ㆍ게송偈頌ㆍ조송造頌ㆍ고기송孤起頌
ㆍ송頌이라 번역하는데 가요歌謠ㆍ성가聖歌 등의 뜻으로 쓰
인다. 지금은 산문체散文體로 된 경전의 1절 또는 총결總結한
끝에 아름다운 귀글로써 묘한 뜻을 읊어 놓은 운문韻文이다.
또 이것을 고기송ㆍ부중송게不重頌偈라고 함은 본문의 내용
을 거듭 말한 중송重頌에 대하여, 본문과 관계없이 노래한 운
문이라는 뜻이다.

---

3) 拾, 偈頌分. 總有二百一十五頌半, 分三: 第一, 有八偈七言, 歎德深廣, 明說
   分齊. 第二, 其心下百三十一頌半, 總示行德略顯深廣. 上二並是伽陀. 第三,
   從依於佛智下七十六偈, 頌前長行, 方是祇夜.

기야祇夜는 응송應頌 · 중송重頌 · 중송게重頌偈라 번역하는데 12부경部經의 하나이다. 노래의 뜻을 가진 범어 Gai에서 온 중성中性 명사로, 산문散文의 끝에 다시 그 뜻을 거듭 말하는 운문韻文이다.

1) 깊고 넓은 덕을 찬탄하다

어 무 량 겁 수 고 행   종 무 량 불 정 법 생
於無量劫修苦行하야   **從無量佛正法生**하며

영 무 량 중 주 보 리   피 무 등 행 청 아 설
令無量衆住菩提하나니   **彼無等行聽我說**이어다

한량없는 겁 동안 고행을 닦고

한량없는 부처님의 정법으로 태어나서

한량없는 중생들을 보리에 머물게 하니

훌륭한 수행자들이여, 나의 말을 들을지어다.

보현보살이 설하는 게송이다. 보혜보살이 이백 가지 질문을 하고 보현보살이 이천 가지 답을 하는 내용에 이어 다

시 보현보살이 게송으로 설하면서 스스로의 수행과 부처님의 정법으로부터 다시 태어나고, 한량없는 중생을 깨달음의 경지에 안주하게 하는 가르침을 설할 테니 잘 들으라는 당부이다.

공 무 량 불 이 사 착   광 도 군 생 부 작 상
供無量佛而捨着하며   **廣度群生不作想**하며

구 불 공 덕 심 무 의   피 승 묘 행 아 금 설
求佛功德心無依하니   **彼勝妙行我今說**호리라

한량없는 부처님께 공양하여 집착 버리고

많은 중생 제도하되 생각 없으며

부처님 공덕 구하여도 의지하는 마음 없어

수승하고 묘한 행을 내 이제 말하리라.

　보현보살의 수행으로는 한량없는 부처님께 공양하였으나 공양에 대한 집착이 없고, 한량없는 중생을 제도하였으나 제도하였다는 생각이 없다. 또 부처님의 공덕을 구하지만 마음에는 그 공덕에 의지하지 않는다. 그와 같은 수승하

고 미묘한 수행을 보현보살이 지금 설하리라는 것이다.

이 삼 계 마 번 뇌 업   구 성 공 덕 최 승 행
離三界魔煩惱業하며   **具聖功德最勝行**하며

멸 제 치 혹 심 적 연   아 금 설 피 소 행 도
滅諸癡惑心寂然하니   **我今說彼所行道**호리라

삼계의 마魔와 번뇌와 업을 떠나고
성인의 공덕과 가장 수승한 행을 갖추어
모든 어리석은 의혹 없애고 마음이 고요하니
그렇게 행하던 도道를 내 이제 말하리라.

또 보현보살의 수행으로는 삼계의 마군과 번뇌와 업을
다 떠났으며 성인의 공덕과 수승한 행을 다 갖추었다. 모든
어리석음과 미혹을 다 소멸하여 마음은 적성하다. 그와 같
이 행한 도를 보현보살이 지금 설한다고 한다.

영 리 세 간 제 광 환　　종 종 변 화 시 중 생
永離世間諸誑幻하고　**種種變化示衆生**하며

심 생 주 멸 현 중 사　　설 피 소 능 영 중 희
心生住滅現衆事하나니　**說彼所能令衆喜**호리라

세간의 모든 거짓과 환영을 아주 떠나서
갖가지 변화를 중생에게 보이며
마음이 나고 머물고 소멸하면서 모든 일 나타내니
그런 것을 말하여 모든 이를 기쁘게 하리라.

세간의 모든 거짓과 환영을 영원히 다 떠났으며, 가지가
지로 천변만화하는 것을 중생들에게 다 나타내 보인다. 또
한 마음이 나고, 머물고, 달라지고, 소멸하면서 모든 일 나타
내는데 그러한 내용들을 설하여 모든 이들을 기쁘게 한다.

견 제 중 생 생 노 사　　번 뇌 우 횡 소 전 박
見諸衆生生老死와　**煩惱憂橫所纏迫**하고

욕 령 해 탈 교 발 심　　피 공 덕 행 응 청 수
欲令解脫教發心하니　**彼功德行應聽受**어다

중생들에게 나고 늙어 죽는 일이나
번뇌와 근심과 횡액에 얽힌 것을
벗어 버리고 보리심 내게 하나니
저러한 공덕의 행을 응당 들을지어다.

중생의 삶은 언제나 나고, 늙고, 병들고, 죽는 일 속에서
번뇌와 근심과 횡액에 얽혀 있다. 그러한 것들을 다 벗어버
리고 보리심을 발하게 하나니, 그와 같은 공덕의 행을 설하
는 것을 반드시 듣도록 하라.

시 계 인 진 선 지 혜　　방 편 자 비 희 사 등
施戒忍進禪智慧와　　**方便慈悲喜捨等**을

백 천 만 겁 상 수 행　　피 인 공 덕 인 응 청
百千萬劫常修行하니　　**彼人功德仁應聽**이어다

보시 지계 인욕 정진 선정 지혜와
방편과 자비희사 등을
백천만 겁에 항상 수행하나니
저 사람의 공덕을 그대들은 들으라.

보현보살은 육바라밀과 십바라밀과 사무량심과 사섭법 등 보살이 닦는 온갖 수행을 백천만 겁 동안 모두모두 수행하였다. 그 공덕을 그대들은 잘 들어 행하라는 것이다.

천 만 억 겁 구 보 리　　소 유 신 명 개 무 린
千萬億劫求菩提호대　　所有身命皆無悋하야

원 익 군 생 불 위 기　　피 자 민 행 아 금 설
願益群生不爲己하니　　彼慈愍行我今說호리라

천만억 겁 동안에 보리를 구하면서
몸과 목숨 하나도 아끼지 않으며
중생을 이익하게 하며 내 몸 위하지 않던
저러한 자비행을 내 이제 말하리라.

또 보현보살은 천만억 겁 동안에 보리를 구하면서 몸과 목숨을 조금도 아끼지 아니하였다. 다만 중생을 위하는 마음에 자신은 돌보지 않고 자비만을 행하였다.

무 량 억 겁 연 기 덕　　　　여 해 일 적 미 위 소
無量億劫演其德이　　　**如海一滴未爲少**하야

공 덕 무 비 불 가 유　　　　이 불 위 신 금 약 설
功德無比不可喩니　　　**以佛威神今略說**호리라

한량없는 억겁 동안 그 공덕 연설한 것이

큰 바다의 한 방울 물과 같다 해도 적지 않으니

그 공덕 짝이 없고 비유할 수도 없어

부처님의 위신력으로 간단히 말하리라.

　사람 사람이 본래 갖춘 보현보살의 그 공덕은 한량없는
세월 동안 연설한다 하여도 드넓은 저 바다의 한 방울 물에
불과하다. 실로 그 공덕은 짝도 없고 비유할 수도 없어 쉽게
설명할 수 없는데 오직 부처님의 위신력을 빌려 간략히 말할
뿐이다.

2) 법을 비유하다

기 심 불 고 하　　　　　　구 도 무 염 권
其心不高下하며　　　**求道無厭倦**하야

보 사 제 중 생   주 선 증 정 법
普使諸衆生으로   **住善增淨法**이로다

그 마음은 높지도 낮지도 않아

바른 도를 구하기에 게으름 없어

모든 중생으로 하여금

선에 머물고 청정한 법을 증장하게 하도다.

일체 수행은 한 마음으로 하는 것이다. 그 한 마음은 높은 것도 아니고 낮은 것도 아니어서 높을 수도 있고 낮을 수도 있다. 그러므로 부지런히 도를 구하여 모든 중생으로 하여금 선善에 머물게 하고 청정한 법을 증장시킨다.

지 혜 보 요 익   여 수 여 하 천
智慧普饒益이   **如樹如河泉**하며

역 여 어 대 지   일 체 소 의 처
亦如於大地하야   **一切所依處**로다

지혜로써 널리 이익하게 하는 일

나무와도 같고 강물과도 같으며

또한 큰 땅과도 같아서
모든 것이 의지해 있는 곳이로다.

불교는 지혜와 자비의 종교다. 자비도 지혜가 있어야 올바른 자비를 펼칠 수 있다. 만약 지혜가 없는 자비라면 자칫 감정에 치우칠 수 있어서 반드시 지혜를 동반해야 한다. 예컨대 한 그루의 나무에는 새도 앉아서 쉬고 사람도 그늘을 의지해서 머문다. 나뭇잎과 열매는 또 얼마나 많이 달리는가. 강이나 하천의 역할도 그와 같다. 저 드넓은 땅덩이는 또 어떤가. 모두가 지혜의 역할을 비유한 것이다.

3) 중생들을 기쁘게 하다

보 살 여 연 화
菩薩如蓮華하야

자 근 안 은 경
慈根安隱莖이며

지 혜 위 중 예
智慧爲衆藥며

계 품 위 향 결
戒品爲香潔이어든

보살은 연꽃과 같아서

자비는 뿌리가 되고 편안함은 줄기가 되며
지혜는 꽃술이요
계율은 깨끗한 향기로다.

보살! 이 얼마나 숭고하고 아름다운 이름인가. 보살은
그대로가 연꽃이어라. 보살의 자비는 연꽃의 뿌리요, 보살
이 사람들을 편안하게 하는 것은 연꽃의 줄기로다. 보살의
지혜는 연꽃의 꽃술이며, 보살의 품격 높은 계행은 연꽃의 은
은하고 맑아 멀리까지 전해지는 향기이다. 보살은 화엄경이
그려 낸 가장 아름다운 꽃, 연꽃이다. 그래서 보현보살이요,
문수보살이요, 관음보살이요, 지장보살이다.

불 방 법 광 명
佛放法光明하사

영 피 득 개 부
令彼得開敷하니

불 착 유 위 수
不着有爲水라

견 자 개 흔 락
見者皆欣樂이로다

부처님이 법의 광명을 놓아

그 연꽃 피게 하나니

함이 있는 물에는 묻지 않으며
보는 이는 모두 다 기뻐하더라.

　보살이라는 아름다운 연꽃은 어떻게 해서 피는가. 부처님이 진리의 광명, 법의 광명을 비추면 비로소 핀다. 보살의 연꽃은 인간세상이라는 혼탁하고 더러운 물 속에 뿌리를 내리고 피어나지만 결코 그 물에 물들지 않는다. 물들지 않으면서 세상과 함께 있어서 그를 보는 이는 모두 기뻐한다.

보 살 묘 법 수
菩薩妙法樹가

생 어 직 심 지
生於直心地하니

신 종 자 비 근
信種慈悲根이며

지 혜 이 위 신
智慧以爲身하며

보살은 미묘한 법의 나무라
정직한 마음 땅에서 생겨 나나니
신심은 종자 되고 자비는 뿌리 되며
지혜는 나무의 몸통이 되도다.

보살은 또 화엄경이 그려 낸 아주 크고 아름다운 미묘한 법의 나무다. 이 나무는 정직한 마음 땅에서만 자란다. 신심은 보살나무의 종자가 되고, 자비는 보살나무의 뿌리가 된다. 그리고 지혜는 보살나무의 몸통이 된다. 정직함도, 신심도, 자비도, 지혜도, 무엇 하나 없어서는 보살나무가 될 수 없다.

방 편 위 지 간
方便爲枝幹하며

오 도 위 번 밀
五度爲繁密하며

정 엽 신 통 화
定葉神通華며

일 체 지 위 과
一切智爲果하며

최 상 력 위 조
最上力爲蔦하야

수 음 부 삼 계
垂陰覆三界로다

방편은 나무의 가지가 되어
다섯 가지 바라밀은 한없이 무성하며
선정의 잎에는 신통의 꽃이 피고
일체 지혜의 열매가 맺히며
가장 굳센 힘은 덩굴이 되어

늘어진 그늘 삼계를 다 덮도다.

방편은 보살나무의 가지가 되어 보시와 지계와 인욕과 정진과 선정을 빽빽하고 무성하게 한다. 다시 선정이라는 잎과 신통이라는 꽃을 피우고 일체 지혜라는 열매를 맺게 한다. 보살의 군센 힘은 삼계를 다 덮는 덩굴이 된다. 보살의 자비행은 삼계를 다 덮고도 남는 큰 나무이어라.

4) 삿된 것을 꺾고 미혹한 이를 인도하다

보 살 사 자 왕
菩薩獅子王이

백 정 법 위 신
白淨法爲身하며

사 제 위 기 족
四諦爲其足하며

정 념 이 위 경
正念以爲頸하며

보살은 사자의 왕이라

희고 깨끗한 법 몸이 되고

네 가지 참된 이치 그의 발이 되며

바른 생각은 목이 되며

자 안 지 혜 수
慈眼智慧首요

정 계 해 탈 증
頂繫解脫繒하야

승 의 공 곡 중
勝義空谷中에

후 법 포 중 마
吼法怖衆魔로다

인자한 눈과 지혜의 머리에

해탈의 비단을 이마에 매고

수승한 진리의 빈 골짜기에서

사자후하는 법문 온갖 마군이 놀라도다.

보살은 또 화엄경이 그려 낸 동물 중에서 가장 근사한 동물인 사자왕이다. 보살이라는 사자왕을 상상해 보라. 청정한 법은 몸이 되고, 고집멸도 사성제는 네 발이 되며, 바른 생각은 목덜미가 되고, 인자한 눈과 지혜의 머리에, 해탈의 비단을 이마에 매었네. 수승한 진리의 빈 골짜기에서 사자후하는 법문은 온갖 마군을 놀라게 하도다.

보 살 위 상 주
菩薩爲商主하야

보 견 제 군 생
普見諸群生이

재 생 사 광 야
在生死曠野와

번 뇌 험 악 처
煩惱險惡處하야

보살은 대상隊商의 주인이어라.
많은 중생을 두루 살펴보니
나고 죽는 거친 벌판과
번뇌의 험악한 곳에 있으면서

마 적 지 소 섭
魔賊之所攝으로

치 맹 실 정 도
癡盲失正道하고

시 기 정 직 로
示其正直路하야

영 입 무 외 성
令入無畏城이로다

악마와 도적에게 붙들리고
어리석고 눈 어두워 바른 길 잃으면
바른 길 가르쳐 주어
두려움 없는 성城에 들게 하도다.

보살은 또 화엄경이 그려 낸 가장 뛰어난 장사꾼, 대상隊
商의 주인이다. 많은 중생을 두루 살펴보니 나고 죽는 거친 벌판과 번뇌의 험악한 곳에서 악마와 도적에게 붙들리고, 더구나 어리석고 눈 어두워 바른 길을 잃을 적에 바른 길 가르쳐 주어 두려움 없는 도시에 들어가 편안히 쉬게 하도다.

보 살 견 중 생
菩薩見衆生의

삼 독 번 뇌 병
三毒煩惱病과

종 종 제 고 뇌
種種諸苦惱로

장 야 소 전 박
長夜所煎迫하고

보살은 중생들이

삼독번뇌의 병과

갖가지 고통으로

밤낮으로 볶이는 것을 보고

위 발 대 비 심
爲發大悲心하야

광 설 대 치 문
廣說對治門의

팔 만 사 천 종
八萬四千種하야

멸 제 중 고 환
滅除衆苦患이로다

대자비한 마음을 내어
대치할 방법을 널리 말하니
팔만사천 가지라
온갖 고통과 걱정을 소멸하도다.

보살은 또 중생들이 삼독번뇌의 병과 갖가지 고통으로
밤낮으로 볶이는 것을 보고, 대자대비의 마음 일으켜서 그
것들을 다스릴 방법을 널리 설하니, 그 설법 팔만사천 가지
일러라. 중생들의 온갖 고통과 걱정 근심을 모두 다 소멸하
도다.

보 살 위 법 왕
菩薩爲法王하야

정 도 화 중 생
正道化衆生호대

영 원 악 수 선
令遠惡修善하야

전 구 불 공 덕
專求佛功德하며

보살은 법의 왕이라
바른 길로 중생을 교화하여
나쁜 짓 멀리하고 착한 일 닦아

부처님의 공덕 일심으로 구하며

일 체 제 불 소　　　　관 정 수 존 기
一切諸佛所에　　　　灌頂受尊記하야

광 시 중 성 재　　　　보 리 분 진 보
廣施衆聖財와　　　　菩提分珍寶로다

일체 모든 부처님 계신 데서
정수리에 물 부어 수기를 받고
성스러운 재물을 널리 보시하니
보리에 이르는 귀중한 보배일러라.

보살은 화엄경이 그려 낸 가장 위대한 법의 왕이다. 올바른 길로 중생들을 교화하여 나쁜 짓 멀리하고 착한 일은 닦게 하며 부처님의 공덕을 일심으로 구하게 하도다. 법의 왕이 다시 법의 왕인 부처님에게 정수리에 물 붓는 수기를 받고 온 세상에 성스러운 재물을 널리 보시하니 그 재물들은 곧 보리에 이르는 귀중한 보배일러라.

보 살 전 법 륜
菩薩轉法輪이

여 불 지 소 전
如佛之所轉이라

계 곡 삼 매 망
戒轂三昧輞이며

지 장 혜 위 검
智莊慧爲劍하야

보살이 법륜을 굴리니

부처님이 굴리심과 같아

계율은 안 바퀴, 삼매는 덧바퀴

지혜는 장엄이요, 슬기는 칼이 되어

기 파 번 뇌 적
旣破煩惱賊하고

역 진 중 마 원
亦殄衆魔怨하니

일 체 제 외 도
一切諸外道가

견 지 무 불 산
見之無不散이로다

번뇌의 도적 이미 깨뜨리고

또한 마와 원수를 부수니

일체 모든 외도들이

보고 놀라 달아나네.

법륜法輪이란 본래 불교의 교법을 말하는 것으로, 부처님의 교법이 중생의 번뇌 망상을 없애는 것이 마치 전륜성왕의 윤보輪寶가 전쟁터에 나가서 산과 바위를 부수는 것과 같으므로 법륜이라 한다. 또 교법이 한 사람, 한 곳에 머물러 있지 아니하고 항상 굴러서 여러 사람에게 이르는 것이 마치 수레바퀴와 같으므로 이렇게 이른다.

보살이 법륜을 굴리니 부처님이 법륜을 굴리시는 것과 같아서 계율은 안 바퀴가 되고 삼매는 덧바퀴가 되며, 지혜는 윤보의 장엄이요, 슬기는 칼이 되어, 온갖 번뇌의 도적을 깨뜨리고 마와 원수를 쳐부수니, 일체 모든 외도들이 보고 놀라 모두 달아나도다.

5) 높고 깊고 견고한 덕을 나타내다

보 살 지 혜 해
菩薩智慧海가

심 광 무 애 제
深廣無涯際하야

정 법 미 영 흡
正法味盈洽하며

각 분 보 충 만
覺分寶充滿하며

보살은 지혜의 바다

깊고 넓기 그지없는데
바른 법의 맛좋은 물이 가득하고
깨달음의 보배가 충만했으니

대 심 무 변 안
大心無邊岸이며

일 체 지 위 조
一切智爲潮하니

중 생 막 능 측
衆生莫能測이라

설 지 불 가 진
說之不可盡이로다

큰 마음은 끝이 없는데
일체 지혜로 조수가 되어
중생은 측량할 수 없어서
말로도 다 설명할 수 없도다.

보살은 화엄경이 그려 낸 가장 큰 바다다. 그러므로 보
살은 그대로가 지혜의 큰 바다다. 그 바다는 깊고 넓기가 그
지없는데 바른 법의 맛좋은 물이 보살 바다에 가득하고 깨
달음의 보배가 충만하였다. 보살의 큰 마음 바다는 끝이 없
는데 일체 지혜의 물은 때를 맞춰서 드나드는 조수이더라.

일체 중생은 그 바다를 측량할 수 없는지라 어찌 말로 다 설명할 수 있겠는가.

보살 수미 산
菩薩須彌山이

초 출 어 세 간
超出於世間하야

신 통 삼 매 봉
神通三昧峯에

대 심 안 부 동
大心安不動이라

보살은 수미산

세상에서 우뚝 솟아

신통과 삼매는 봉우리 되고

큰 마음 편안하여 동요하지 않아

약 유 친 근 자
若有親近者면

동 기 지 혜 색
同其智慧色하야

형 절 중 경 계
迴絶衆境界하야

일 체 무 부 도
一切無不覩로다

만약 어떤 이가 가까이 가면

그 지혜의 빛을 함께하고

높이 솟은 어마어마한 온갖 경계들
어느 누구도 보지 않는 이 없도다.

보살은 또 화엄경이 그려 낸 가장 높은 산, 수미산이다. 보살이라는 수미산은 세상에서 가장 높이 우뚝 솟아 있다. 보살의 신통과 삼매는 봉우리가 되고, 보살의 큰 마음은 편안히 안정되어 동요하지 않는다. 만약 어떤 사람이 보살이라는 산을 가까이하면 그 또한 보살을 닮아 간다. 마치 먹물을 가까이하는 사람은 먹물이 들 듯이. 보살의 높이 솟은 온갖 경계의 산은 아무리 높다 하더라도 일체 중생이 다 가까이할 수 있으며, 다 쳐다볼 수 있으며, 다 올라갈 수 있다. 그래서 대승보살불교의 꿈은 이 세상 모든 사람 모든 생명을 남김없이 다 보살로 만드는 것이다. 이 세상이 문수보살, 보현보살, 관세음보살, 지장보살로 가득하다는 것을 상상해 보라. 얼마나 신나고 얼마나 흥분되는가. 하루빨리 그런 세상이 되기를 학수고대한다.

보 살 여 금 강
菩薩如金剛하야

지 구 일 체 지
志求一切智호대

신 심 급 고 행
信心及苦行이

견 고 불 가 동
堅固不可動이며

보살은 금강과 같아

일체 지혜를 구하느라고

믿는 마음 온갖 고행

견고하여 흔들 수 없네.

기 심 무 소 외
其心無所畏하야

요 익 제 군 생
饒益諸群生하니

중 마 여 번 뇌
衆魔與煩惱가

일 체 실 최 멸
一切悉摧滅이로다

그 마음 두려울 것 없어

모든 중생들 이익하게 하고

온갖 마군과 갖가지 번뇌를

남김없이 다 꺾어 부수도다.

또 보살은 화엄경이 그려 낸 가장 뛰어난 보석 다이아몬드이어라. 다이아몬드는 순수하게 탄소로만 구성된 광물이다. 금강석이라고도 하는데 다이아몬드를 능가하는 경도와 광채를 가진 보석은 없다. 자연물질 중 강도가 가장 높다. 그래서 보살의 인품과 그 마음에 비유된다. 보살은 일체 지혜를 구하는 마음이 다이아몬드처럼 견고하여 그의 신심과 그의 고행을 어느 누구도 움직일 수 없다. 자연물질 중 강도가 가장 높기 때문에 다이아몬드를 깨뜨릴 물질은 아무것도 없다. 다만 다이아몬드만이 다이아몬드를 깎을 수 있다. 그래서 상처가 날까 염려할 일은 없다. 그러므로 보살 다이아몬드는 온갖 마군과 갖가지 번뇌를 남김없이 다 꺾어 부순다. 또 가장 값비싼 보석이기 때문에 이것을 소유한 사람은 큰 이익이 있다.

보살 대 자 비
菩薩大慈悲가

비 여 중 밀 운
譬如重密雲하야

삼 명 발 전 광
三明發電光하고

신 족 진 뇌 음
神足震雷音하며

보살의 대자대비는

마치 두꺼운 구름과 같은데
세 가지 밝은 지혜는 번개빛이고
신통은 천둥치는 소리이어라.

세 가지 밝음이라는 삼명三明은 육신통六神通 중의 숙명통
· 천안통 · 누진통에 해당하는 숙명명宿命明 · 천안명天眼明
· 누진명漏盡明이다. 숙명명은 구족하게는 숙주수념지작증
명宿住隨念智作證明으로 자기와 남의 지난 세상에 생활하던 상
태를 아는 것이다. 천안명은 구족하게는 천안지작증명天眼智
作證明 또는 사생지작증명死生智作證明이라 하는데 자기나 다
른 이의 다음 세상의 생활 상태를 아는 것이다. 누진명은 누
진지작증명漏盡智作證明이라고도 한다. 지금 세상의 고통을
알아 번뇌를 끊는 지혜이다.

보 이 사 변 재
普以四辯才로

우 팔 공 덕 수
雨八功德水하야

윤 흡 어 일 체
潤洽於一切하야

영 제 번 뇌 열
令除煩惱熱이로다

네 가지 변재로
팔공덕수의 비를 내리니
온 땅을 흡족히 적시어
뜨거운 번뇌를 소멸하도다.

네 가지 변재는 사무애변四無礙辯이다. 사무애지四無礙智·
사무애해四無礙解라고도 한다. 마음의 방면으로는 지智 또는
해解라 하고, 입의 방면으로는 변辯이라 한다. 법무애法無礙는
온갖 교법에 통달한 것, 의무애義無礙는 온갖 교법의 요의要義
를 아는 것, 사무애辭無礙는 여러 가지 말을 알아 통달하지
못함이 없는 것, 요설무애樂說無礙는 온갖 교법을 알아 기류機
類가 듣기 좋아하는 것을 말하는 데 자재한 것이다.

팔공덕수八功德水란 여덟 가지 공덕을 갖추고 있는 물인데
여덟 가지 공덕은 경에 따라 다소 다르다. 『칭찬정토경』에는
고요하고 깨끗함, 차고 맑은 것, 맛이 단 것, 입에 부드러운
것, 윤택한 것, 편안하고 화평한 것, 기갈 등의 한량없는 근
심을 없애 주는 것, 여러 근根을 잘 길러 주는 것이라 하였고,
『구사론』에는 달고·차고·부드럽고·가볍고·깨끗하고

·냄새가 없고·마실 때 목이 상하는 일이 없고·마시고 나
서 배탈 나는 일이 없는 것이라 하였다.

보 살 정 법 성
菩薩正法城이

반 야 이 위 장
般若以爲牆하고

참 괴 위 심 참
慚愧爲深塹하고

지 혜 위 각 적
智慧爲却敵하며

보살은 바른 법의 도성都城이라

반야로 담장이 되고

부끄러움은 깊은 해자[塹]요

지혜는 망루[却敵]이어라.

광 개 해 탈 문
廣開解脫門하고

정 념 항 방 수
正念恒防守하며

사 제 탄 왕 도
四諦坦王道하고

육 통 집 병 장
六通集兵仗하며

해탈의 문을 널리 열어 놓고

바른 생각으로 항상 지키니

네 가지 참된 이치 넓은 한길에
육신통의 군대들이 모이어

부 건 대 법 당
復建大法幢하야

주 회 변 기 하
周廻徧其下하니

삼 유 제 마 중
三有諸魔衆이

일 체 무 능 입
一切無能入이로다

큰 법의 깃대를 높이 세우고
그 아래 두루 결집하였으니
삼계의 모든 마군
하나도 들어오지 못하도다.

보살은 화엄경이 그려 낸 큰 도성都城이다. 보살의 도성은
반야로 남상이 되고 부끄러움으로 깊은 해자[塹]를 삼았다.
또 지혜는 망루[却敵]이어라. 모두가 번뇌의 외적을 막는 훌
륭한 방편이다. 그 보살 도성에는 해탈의 문이 있는데 그 문
을 널리 열어 놓고 바른 생각으로 항상 지킨다. 고집멸도라
는 네 가지 참된 이치의 넓은 한길에 육신통의 군대들이 모여

들어 큰 법의 깃대를 높이 세우고 그 아래 두루 결집하였다.
이와 같이 경계가 삼엄한데 삼계의 마군들이 보살의 도성에
어찌 들어올 수 있겠는가.

6) 근기를 살펴서 이익을 주다

<table>
<tr><td>보 살 가 루 라
菩薩迦樓羅가</td><td>여 의 위 견 족
如意爲堅足하며</td></tr>
<tr><td>방 편 용 맹 시
方便勇猛翅와</td><td>자 비 명 정 안
慈悲明淨眼으로</td></tr>
</table>

보살은 가루라 왕이라

뜻대로 가는 일은 억센 발이 되고

방편은 용맹한 날개가 되며

자비는 총명한 눈이 되어

<table>
<tr><td>주 일 체 지 수
住一切智樹하야</td><td>관 삼 유 대 해
觀三有大海하고</td></tr>
</table>

박 촬 천 인 룡
搏撮天人龍하야

안 치 열 반 안
安置涅槃岸이로다

일체 지혜의 나무 위에 앉아서
삼계의 큰 바다를 굽어보다가
천신과 사람과 용을 붙잡아다가
열반의 저 언덕에 가져다 두네.

보살은 가루라 왕이다. 가루라迦樓羅는 가류라迦留羅 · 아로나誐嚕拏 · 게로다揭路茶 · 가로다加嚕茶라고도 쓴다. 항영項癭 · 대소항大嗉項 · 식토비고성食吐悲苦聲이라 번역하고 또는 금시조金翅鳥 · 묘시조妙翅鳥라고도 번역한다. 용을 잡아먹는다는 조류鳥類의 왕이다. 독수리같이 사나운 새로서 8부중部衆의 하나다. 실제로 있는 동물이 아니고 신화神話 속의 새다. 고대 인도 사람은 새의 괴수로서 이러한 큰 새의 존재를 상상하고, 대승경전 같은 데에 8부중의 하나로 자주 인용하였다. 밀교에서는 이 새를 대범천 · 대자재천 등이 중생을 구제하기 위하여 화현한 것이라 하고, 혹은 문수보살의 화신이라고도 한다.

보살은 이와 같은 가루라이다. 여의족如意足과 방편과 자

비를 지니고 일체 지혜의 나무 위에 앉아서 삼계의 큰 바다를 굽어보다가 바다에 떠다니는 천신과 사람과 용을 모두 제도하여 열반의 저 언덕에 이르게 한다.

보 살 정 법 일　　　　　　출 현 어 세 간
菩薩正法日이　　　　　　出現於世間하니

계 품 원 만 륜　　　　　　신 족 속 질 행
戒品圓滿輪이며　　　　　　神足速疾行이라

보살의 바른 법의 태양이

세상에 솟아오르니

계율의 둥근 바퀴를

신통으로 재빨리 굴리면서

조 이 지 혜 광　　　　　　장 제 근 력 약
照以智慧光하고　　　　　　長諸根力藥하야

멸 제 번 뇌 암　　　　　　소 갈 애 욕 해
滅除煩惱闇하며　　　　　　消竭愛欲海로다

지혜의 광명을 비추니
오근五根과 오력五力의 약초가 자라나서
번뇌의 어두움 없애 버리고
애욕의 바닷물을 말려 버리도다.

보살은 바른 법의 태양이다. 세상에 밝게 솟아오르니 계율의 둥근 바퀴를 신통으로 재빨리 굴리면서 지혜의 광명을 비춘다. 오근五根과 오력五力의 약초가 자라나서 번뇌의 어두움을 없애 버리고 애욕의 바닷물을 다 말려 버린다.

오근五根과 오력五力은 같은 뜻이다. 불교에 대한 실천 방면의 기초적 덕목德目이 된다. 뿌리가 된다는 뜻에서 근根이라 하고, 힘이 된다는 뜻에서 역力이라 한다. ① 신력信力은 불법을 믿고 다른 것을 믿지 않는 것이며 ② 진력進力은 선을 짓고 악을 폐하기를 부지런히 하는 것이며 ③ 염력念力은 사상을 바로 가지고 사특한 생각을 버리는 것이며 ④ 정력定力은 선정禪定을 닦아 어지러운 생각을 없게 하는 것이며 ⑤ 혜력慧力은 지혜를 닦아 불교의 진리인 사성제를 깨닫는 것이다.

보 살 지 광 월
菩薩智光月이

법 계 이 위 륜
法界以爲輪하야

유 어 필 경 공
遊於畢竟空하니

세 간 무 불 견
世間無不見이라

보살은 지혜 광명의 달이어라

법계로 둥근 바퀴가 되어

필경공畢竟空의 텅 빈 하늘에 떠 있으니

세상 사람 보지 못하는 이가 없네.

삼 계 식 심 내
三界識心內에

수 시 유 증 감
隨時有增減이나

이 승 성 수 중
二乘星宿中엔

일 체 무 주 필
一切無儔匹이로다

삼계식심三界識心의 안에서

때를 따라 둥글기도 하고 기울기도 하지만

이승二乘의 별들로는

어느 것도 짝할 이 없도다.

보살은 또 화엄경이 그려 낸 지혜 광명의 달이다. 만유 제 법의 체성이 되는 진여법계로 둥근 바퀴가 되어 필경공畢竟호의 텅 빈 하늘에 휘영청 밝게 떠 있어서 보지 못하는 사람이 없다. 필경공은 상대적인 공까지 공한, 즉 일체의 공까지 공하였다는 공이 필경공이다.

보살의 지혜 광명의 달은 삼계유심三界唯心의 안에서 때를 따라 둥글기도 하고 기울기도 한다. 즉 보살은 원만한 부처님이 되기도 하고 어리석고 미혹한 중생이 되기도 한다. 그러나 그 측량할 수 없는 보살의 지혜 작용은 작고 좁고 치우친 소승들의 지혜로는 알지 못한다.

7) 자재하게 다스리다

보 살 대 법 왕
菩薩大法王의

공 덕 장 엄 신
功德莊嚴身이

상 호 개 구 족
相好皆具足하니

인 천 실 첨 앙
人天悉瞻仰이라

보살은 큰 법왕이어라

공덕으로 장엄한 몸에

상호相好를 다 구족하여

사람과 천신들이 함께 앙모仰慕하도다.

보살은 큰 법왕이다. 법왕의 몸은 무엇으로 장엄할까. 많고 많은 공덕으로 장엄하여 32상相과 80종호種好를 모두 갖추었으므로 사람과 천신들이 모두 다 우러러본다.

방 편 청 정 목
方便淸淨目과

지 혜 금 강 저
智慧金剛杵로

어 법 득 자 재
於法得自在하야

이 도 화 군 생
以道化群生이로다

방편은 청정한 눈이요

지혜는 금강저金剛杵라

법에 자유자재하여

바른 도道로써 중생을 교화하도다.

보살법왕은 방편이라는 청정한 눈과 지혜라는 금강저를 들고, 법에 있어서 자유자재하게 바른 가르침으로 중생들을 교화한다.

보 살 대 범 왕　　　　　자 재 초 삼 유
菩薩大梵王이　　　　**自在超三有**하야

업 혹 실 개 단　　　　　자 사 미 불 구
業惑悉皆斷하고　　　**慈捨靡不具**라

보살은 대범천왕이어라

마음대로 삼계를 초월하며

업과 번뇌 다 끊어지고

자비慈悲와 희사喜捨 모두 갖추어

처 처 시 현 신　　　　　개 오 이 법 음
處處示現身하야　　　**開悟以法音**하야

어 피 삼 계 중　　　　　발 제 사 견 근
於彼三界中에　　　　**拔諸邪見根**이로다

곳곳마다 몸을 나타내어

법의 음성으로 깨우치며

저 삼계 가운데서

삿된 소견의 뿌리를 뽑도다.

보살은 자유자재하게 삼계를 초월하였으며, 업과 번뇌가 다 끊어지고 자비희사 사무량심을 모두 갖춘 대범천왕이다. 보살은 또 곳곳마다 몸을 나타내어 법의 음성으로 중생들을 깨우치며, 저 삼계 가운데서 삿된 소견의 뿌리를 다 뽑아 없애는 대범천왕이다.

보 살 자 재 천
菩薩自在天이

초 과 생 사 지
超過生死地하니

경 계 상 청 정
境界常清淨이라

지 혜 무 퇴 전
智慧無退轉하며

보살은 자재천自在天이어라

생사를 초월하였으니

그 경계 항상 청정해

지혜가 물러나지 않으며

절 피 하 승 도
絶彼下乘道하고

수 제 관 정 법
受諸灌頂法하야

공 덕 지 혜 구
功德智慧具하니

명 칭 미 불 문
名稱靡不聞이로다

저 아래 승乘의 길을 끊어 버리고

정수리에 물 붓는 법을 받아서

공덕과 지혜 갖추어

소문이 널리 퍼졌느니라.

보살은 또 생사를 초월하여 그 경계가 항상 청정하며 지혜가 물러나지 않는 자재천이다. 보살은 또 성문이나 독각의 길을 끊어 버리고 정수리에 물 붓는 법을 받아서 공덕과 지혜 갖추어 소문이 널리 퍼져 있는 자재천이다.

8) 청정하여 물듦이 없다

보 살 지 혜 심
菩薩智慧心이

청 정 여 허 공
清淨如虛空하야

무 성 무 의 처
無性無依處하니

일 체 불 가 득
一切不可得이라

보살의 지혜 마음은

텅 빈 것이 허공과 같아

성품도 없고 의지할 곳도 없어

모든 것 얻을 수 없네.

유 대 자 재 력
有大自在力하야

능 성 세 간 사
能成世間事하며

자 구 청 정 행
自具淸淨行하고

영 중 생 역 연
令衆生亦然이로다

크게 자재한 힘이 있어

세상의 일을 능히 이루며

청정한 행을 저절로 갖추고

중생들도 그렇게 하게 하도다.

보살의 지혜 마음은 텅 빈 것이 마치 허공과 같아서 고정

된 자체 성품도 없고 의지할 곳도 없다. 그러나 아무것도 없

는 것 가운데 크게 자재한 힘이 있어서 세상의 모든 일을 능히 다 이루며, 청정한 행을 저절로 다 갖추고 있다. 그 또한 진공묘유眞空妙有의 이치 그대로이다.

9) 두루 이익하게 하다

보 살 방 편 지
菩薩方便地가

요 익 제 중 생
饒益諸衆生하고

보 살 자 비 수
菩薩慈悲水가

완 척 제 번 뇌
浣滌諸煩惱하며

보살의 방편 땅은
모든 중생을 이익하게 하고
보살의 자비 물은
모든 번뇌를 씻어 버리며

보 살 지 혜 화
菩薩智慧火가

소 제 혹 습 신
燒諸惑習薪하고

보 살 무 주 풍   유 행 삼 유 공

菩薩無住風이   **遊行三有空**이로다

보살의 지혜 불은

모든 의혹과 습기를 태워 버리고

보살의 머문 데 없는 바람은

삼계의 허공에 흘러 다니네.

화엄경 전체의 내용이 보살행을 권장하고 찬탄하는 가르침이다. 특히 이세간 일품은 그중에서 보살의 경계와 보살의 지혜와 보살의 자비와 보살의 방편과 보살의 서원 등을 높이 찬탄하는 내용인데, 그중에서도 이세간품 마지막 게송 215게 반이나 되는 부분은 보살을 한껏 찬탄하여 노래 부른다. 얼마나 아름답고 감동적인가.

보살은 인간이 이르러 갈 수 있는 최고의 경지이다. 더 이상의 경지는 없다. 공부하는 마음에서 중언부언하지만 부족한 소견으로 군더더기를 다는 것이 생살을 긁어서 부스럼을 내는 것과 같아서 아무리 보아도 송구할 뿐이다. 또한 한편으로는 화엄경은 어떤 미혹한 중생이 긁는다고 긁어지는 것이 아니요, 부스럼을 낸다고 부스럼이 생기는 것도 아니라

는 사실을 믿는다. 그래서 필자의 강설은 오직 혼자만의 천착이라고 하는 것이다.

10) 몸을 거두어 수행하다

보살 여진 보
菩薩如珍寶하야

능 제 빈 궁 액
能濟貧窮厄하고

보살 여금 강
菩薩如金剛하야

능 최 전 도 견
能摧顚倒見하며

보살은 진기한 보배와 같아서

빈궁한 액난을 능히 구제하고

보살은 금강과 같아서

뒤바뀐 소견을 능히 깨뜨리며

보살 여 영 락
菩薩如瓔珞하야

장 엄 삼 유 신
莊嚴三有身하고

보살 여 마 니
菩薩如摩尼하야

증 장 일 체 행
增長一切行하며

보살은 영락과 같아서

삼계의 몸을 장엄하고

보살은 마니보배와 같아서

모든 행을 증장케 하고

보살 덕 여 화　　　　상 발 보 리 분
菩薩德如華하야　　常發菩提分하고

보 살 원 여 만　　　　항 계 중 생 수
菩薩願如鬘하야　　恒繫衆生首하며

보살의 공덕은 꽃과 같아서

항상 보리의 부분법을 꽃 피우고

보살의 서원은 화만華鬘과 같아서

중생의 머리를 항상 장식하며

보 살 정 계 향　　　　견 지 무 결 범
菩薩淨戒香을　　　堅持無缺犯하고

보 살 지 도 향　　　　보 훈 어 삼 계
菩薩智塗香으로　　普薰於三界하며

보살의 맑은 계행戒行은 향과 같아서

굳게 지니어 범하지 않고

보살의 지혜는 바르는 향이라

삼계에 널리 풍기며

보 살 력 여 장
菩薩力如帳하야

능 차 번 뇌 진
能遮煩惱塵하고

보 살 지 여 당
菩薩智如幢하야

능 최 아 만 적
能摧我慢敵하며

보살의 힘은 휘장과 같아서

번뇌의 먼지를 능히 막고

보살의 지혜는 당기幢旗와 같아서

아만의 적들을 꺾어 부수며

묘 행 위 증 채
妙行爲繒綵하야

장 엄 어 지 혜
莊嚴於智慧하고

참 괴 작 의 복
慚愧作衣服하야

보 부 제 군 생
普覆諸群生이로다

아름다운 행은 비단이 되어
지혜를 장엄하고
부끄러움은 의복이 되어
모든 중생을 덮어 주도다.

읽고 읽는 동안 그 감동에 가슴은 뜨거워지고 눈에는 이슬이 맺힌다. "보살의 맑은 계행戒行은 향과 같아서 굳게 지니어 범하지 않고, 보살의 지혜는 바르는 향이라 삼계에 널리 풍기도다." "아름다운 행은 비단이 되어 지혜를 장엄하고, 부끄러움은 의복이 되어 모든 중생을 덮어 주도다."

11) 실어 나르다

보 살 무 애 승
菩薩無礙乘이

건 지 출 삼 계
巾之出三界하고

보 살 대 력 상
菩薩大力象이

기 심 선 조 복
其心善調伏하며

보살은 장애 없는 수레

잘 꾸며서 삼계에 뛰어나며

보살은 기운 센 코끼리

그 성질이 잘 조복되었고

보살 신 족 마 　　　　　등 보 초 제 유
菩薩神足馬가　　　**騰步超諸有**하고

보 살 설 법 룡　　　　　보 우 중 생 심
菩薩說法龍이　　　**普雨眾生心**이로다

보살은 신통이 뛰어난 말

발을 높이 들어 모든 존재 초월하며

보살은 설법說法하는 용

중생의 마음에 단비를 내리네.

보살은 걸림 없는 수레도 되고, 힘센 코끼리도 되고, 신
통이 뛰어난 말도 되고, 설법을 잘하는 용도 되어, 갖가지 방
편으로 중생들을 교화한다.

12) 보살의 작용을 나타내다

보 살 우 담 화
菩薩優曇華가

세 간 난 치 우
世間難値遇요

보 살 대 용 장
菩薩大勇將이

중 마 실 항 복
衆魔悉降伏하며

보살은 우담바라 꽃

세상에서 만나기 어렵고

보살은 용맹한 장수

모든 마군을 항복받으며

세상에서는 우담바라 꽃에 대해 얼마나 많이들 이야기하
는가. 그러나 실로 만나기는 어렵다. 보살이 곧 우담바라
꽃이기 때문이다. 이세간품의 마지막 게송들은 모두 보살의
위대함을 표현한 내용이다. 그 내용이 그대로 인격화가 된
사람, 실로 만나기 어렵다.

보 살 전 법 륜
菩薩轉法輪이

여 불 지 소 전
如佛之所轉이요

보 살 등 파 암   중 생 견 정 도
菩薩燈破闇에   衆生見正道하며

보살이 굴리는 법륜은

부처님과 다르지 않고

보살의 등불은 어둠을 깨뜨려

중생들이 바른 길을 보도다.

보 살 공 덕 하   항 순 정 도 류
菩薩功德河가   恒順正道流하고

보 살 정 진 교   광 도 제 군 품
菩薩精進橋가   廣度諸群品하며

보살은 공덕의 강물

항상 바른 곳으로 흐르고

보살은 정진의 다리[橋]

많은 중생들 두루 건네도다.

보살은 부처님의 법을 펴는 법의 바퀴며, 보살은 중생들
에게 바른 길을 보게 하는 밝은 등불이며, 보살은 항상 바른

곳으로 흐르는 공덕의 강물이며, 보살은 많은 중생에게 고통의 바다를 건너게 하는 정진의 다리이다.

대 지 여 홍 서   공 작 견 뢰 선
大智與弘誓로   **共作堅牢船**하야

인 접 제 중 생   안 치 보 리 안
引接諸衆生하야   **安置菩提岸**하며

큰 지혜와 넓은 서원으로

튼튼하고 견고한 배를 만들어

모든 중생을 다 맞이하여

깨달음의 저 언덕에 이르게 하네.

지혜가 있으면서 큰 서원이 있어야 한다. 큰 서원은 없고 지혜만 있는 이가 없지 않다. 큰 지혜와 넓은 서원으로 튼튼하고 견고한 배를 만들어 모든 중생을 다 맞이하여 깨달음의 저 언덕에 이르게 하려면 반드시 보살의 뜨거운 서원이 있어야 한다.

보 살 유 희 원　　　　　진 실 락 중 생
菩薩遊戲園이　　　　　眞實樂衆生하고

보 살 해 탈 화　　　　　장 엄 지 궁 전
菩薩解脫華가　　　　　莊嚴智宮殿하며

보살은 유희하는 동산

중생들 참으로 즐거워하고

보살은 해탈의 꽃

지혜의 궁전을 장엄했으며

보 살 여 묘 약　　　　　멸 제 번 뇌 병
菩薩如妙藥하야　　　　滅除煩惱病하고

보 살 여 설 산　　　　　출 생 지 혜 약
菩薩如雪山하야　　　　出生智慧藥이로다

보살은 신묘한 약과 같아서

번뇌의 병을 소멸하여 없애고

보살은 설산과 같아

지혜의 약초를 길러 내도다.

보살은 사람들이 즐겨 찾는 놀이동산이며, 보살은 지혜

의 궁전을 아름답게 장엄하는 해탈의 꽃이다. 또 보살은 신
묘한 약이라 고치지 못하는 병이 없다. 보살은 지혜의 약초
를 길러 내는 저 히말라야 설산이다.

13) 부처님의 깨달음과 같다

보 살 등 어 불   각 오 제 군 생
菩薩等於佛하야   **覺悟諸群生**하나니

불 심 기 유 타   정 각 각 세 간
佛心豈有他리오   **正覺覺世間**이시니라

보살은 부처님과 동등하여

모든 중생을 깨우치나니

부처님 마음 어찌 다른 뜻이 있겠는가

바른 깨달음으로 세간을 깨닫게 하네.

부처님이나 보살이나 모두 동격이다. 부처님도 중생을
깨우치는 사람이요, 보살도 중생을 깨우치는 사람일 뿐이
다. 달리 무슨 일이 있겠는가.

여 불 지 소 래
如佛之所來하야

보 살 여 시 래
菩薩如是來며

역 여 일 체 지
亦如一切智하야

이 지 입 보 문
以智入普門이로다

부처님이 오시듯이

보살도 그렇게 오시며

또한 일체 지혜도 그와 같아서

지혜로 넓은 문에 들어가도다.

넓은 문[普門]이란, 우주에 존재하는 모든 사물은 제각각 한 법에 일체 법을 포섭하였다고 말한다. 곧 일문에 일체 문을 포섭한 것이므로 보문이라고 한다. 다시 말하면 하나 가운데 일체가 있고 일체 가운데 하나가 있다는 일다상용부동문一多相容不同門의 이치이다. 이와 같은 이치를 보살은 몸소 나타내 보인다.

보 살 선 개 도
菩薩善開導

일 체 제 군 생
一切諸群生하며

보 살 자 연 각
菩薩自然覺

일 체 지 경 계
一切智境界로다

보살은 일체 모든 중생을

잘 인도하시며

보살은 일체 지혜의 경계를

저절로 깨달았도다.

보살은 스승 없이 깨달은 지혜[無師智]가 있고, 보살은 다른 이를 말미암지 않고 깨달았으며[不由他悟], 저절로 깨달은 [自然覺] 분이다.

보 살 무 량 력
菩薩無量力을

세 간 막 능 괴
世間莫能壞며

보 살 무 외 지
菩薩無畏智로

지 중 생 급 법
知衆生及法이로다

보살의 한량없는 힘을

세간에서 깨뜨릴 자 없으며

보살의 두려움 없는 지혜로

중생과 법을 분명히 알도다.

보살의 한량없는 능력을 세상 사람들이 어찌 알겠는가. 알지도 못하거늘 파괴할 수 있겠는가. 한량없고 두려움 없는 지혜로 중생과 중생을 교화하는 법을 자세히 안다.

14) 모든 중생을 뛰어넘다

일 체 제 세 간
一切諸世間에

색 상 각 차 별
色相各差別과

음 성 급 명 자
音聲及名字를

실 능 분 별 지
悉能分別知로다

일체 모든 세간의

그 색상들 제각기 차별하지만

그 음성과 그 이름

다 분별하여 잘 알도다.

보살의 능력은 일체 모든 세간의 색상이 각각 차별하고,

음성과 말이 각각 다르고, 이름과 글자가 아무리 많고 다르더라도 그 모든 것을 능히 잘 분별하여 안다. 그 능력을 어찌 다른 사람들이 따를 수 있겠는가.

수 리 어 명 색
雖離於名色이나

이 현 종 종 상
而現種種相하니

일 체 제 중 생
一切諸衆生이

막 능 측 기 도
莫能測其道로다

비록 이름과 색상을 떠났다지만
갖가지 색상을 다 나타내나니
일체 모든 중생들
보살의 도를 측량할 수 없어라.

여 시 등 공 덕
如是等功德을

보 살 실 성 취
菩薩悉成就호대

요 성 개 무 성
了性皆無性하야

유 무 무 소 착
有無無所着이로다

이와 같은 모든 공덕을

보살이 모두 성취하고

그 성품 성품이 없는 줄 알아

있고 없는 데 집착하지 않도다.

보살은 비록 일체 이름과 색상을 떠났다지만 갖가지 색상을 다 나타낸다. 일체 중생이 어찌 보살의 경지를 측량할 수 있겠는가. 이와 같은 공덕을 보살은 다 성취하였으나 이름과 색상의 그 성품은 성품이 없음을 알아 이름과 색상이 있거나 없음에 집착하지 않는다.

15) 설할 것을 허락하고 듣기를 권하다

여 시 일 체 지
如是一切智가

무 진 무 소 의
無盡無所依니

아 금 당 연 설
我今當演說하야

영 중 생 환 희
令衆生歡喜호리라

이와 같은 일체 지혜가

다함도 없고 의지함도 없나니

내 이제 마땅히 모두 연설하여

중생들로 하여금 기쁘게 하노라.

보살이 터득한 지혜는 일체 모든 세간의 색상들이 제각기 차별하지만 그 음성과 그 이름을 분별하여 잘 아는 지혜이다. 이러한 지혜는 다함도 없고 의지하는 바도 없다는 것을 지금 연설하여 중생들을 기쁘게 한다.

수 지 제 법 상
雖知諸法相이

여 환 실 공 적
如幻悉空寂이나

이 이 비 원 심
而以悲願心과

급 불 위 신 력
及佛威神力으로

비록 모든 법의 모양이

환영과 같이 공적한 줄 알지만

가엾이 여기는 서원의 마음

부처님의 위덕과 신통한 힘으로

현 신 통 변 화　　　　　종 종 무 량 사
現神通變化와　　　　**種種無量事**하나니

여 시 제 공 덕　　　　　여 등 응 청 수
如是諸功德을　　　　**汝等應聽受**어다

신통과 변화와

가지가지 한량없는 일을 나타내나니

이와 같은 모든 공덕을

그대들은 마땅히 들을지어다.

　보살의 중생 교화를 위한 신통과 변화가 얼마나 많겠는
가. 가지가지로 한량이 없다. 그 모두가 보살의 공덕이다.
중생들을 가엾이 여기는 마음과 중생들을 교화하려는 서원
의 마음으로 부처님의 위덕과 신통한 힘을 빌려서 연설하니
잘 듣고 배워야 할 것이다.

일 신 능 시 현　　　　　무 량 차 별 신
一身能示現이　　　　**無量差別身**하야

무 심 무 경 계　　　　　보 응 일 체 중
無心無境界로대　　　　**普應一切衆**이로다

한 몸으로

한량없이 차별한 몸을 나타내어

마음도 없고 경계도 없이

일체 중생에게 두루 응하도다.

온 우주법계가 법신이라는 한 몸이다. 한 몸에서 낱낱 현상이 나타나고 두두물물로 천변만화한다. 고정된 마음도 없고 경계도 없으면서 일체 중생에게 널리 응하여 그들을 교화한다.

16) 업業의 깊고 넓음을 보이다

일 음 중 구 연
一音中具演이

일 체 제 언 음
一切諸言音하야

중 생 어 언 법
衆生語言法을

수 류 개 능 작
隨類皆能作이로다

한 음성 가운데

일체 모든 말을 다 같이 내어

중생들의 말하는 법을

그 종류를 따라 모두 능히 짓도다.

보살의 하는 말은 마치 동시통역이 되는 것과 같다. 한
음성 가운데서 일체 모든 말을 다 연설한다. 중생들이 사용
하는 말은 무엇이나 다 따라서 할 수 있게 된다. 이 얼마나
부러운 이야기인가.

영 리 번 뇌 신
永離煩惱身하고

이 현 자 재 신
而現自在身하며

지 법 불 가 설
知法不可說호대

이 작 종 종 설
而作種種說이로다

번뇌의 몸 아주 떠나고

자유자재한 몸을 나타내며

법은 말할 수 없음을 알지만

가지가지 말을 하도다.

보살은 번뇌의 몸을 영원히 벗어 버리고 자유자재한 법의

몸을 나타낸다. 보살은 또 법이란 언어로 설명될 수 없다는
사실을 잘 알지만 화엄경과 법화경을 위시하여 팔만대장경
을 설하여 법을 나타낸다.

기 심 상 적 멸　　　　　청 정 여 허 공
其心常寂滅하야　　　**清淨如虛空**호대

이 보 장 엄 찰　　　　　시 현 일 체 중
而普莊嚴刹하야　　　**示現一切衆**이로다

그 마음 항상 고요해

청정하기가 허공과 같으나

그러나 세계를 널리 장엄하여

일체 중생에게 나타내 보이도다.

보살의 마음은 항상 고요하다. 텅 비어 아무것도 없는
것이 마치 저 허공과 같다. 그러나 텅 비어 없는 것 가운데서
이 세상을 널리 또 아름답게 장엄하여 일체 중생에게 나타내
보인다. 불교가 세상에 존재하는 목적은 한 사람 한 사람의
인격을 보살의 경지에까지 향상시켜서 끝내는 온 우주를 보

살로 가득하게 만드는 것, 그것이 이 세상을 아름답게 장엄
하는 길이다.

어 신 무 소 착
於身無所着이나

이 능 시 현 신
而能示現身하야

일 체 세 간 중
一切世間中에

수 응 이 수 생
隨應而受生이로다

몸에는 집착하지 않지만

그러나 능히 몸을 나타내 보이어

일체 세간 가운데서

마땅함을 따라 태어나도다.

보살은 자신의 몸에 집착하는 마음이 전혀 없다. 그러나
서 관세음보살처럼 세상에서 가장 아름다운 몸을 나타내 보
이려고 이 세상에 마땅함을 따라 태어나기도 한다. 그것이
보살의 중생을 위한 마음이다.

수 생 일 체 처
雖生一切處나

역 부 주 수 생
亦不住受生하야

지 신 여 허 공
知身如虛空호대

종 종 수 심 현
種種隨心現이로다

비록 모든 곳에 태어나지만

또한 태어나는 것에 머물지 않으며

몸이 허공 같은 줄 알면서도

가지가지로 마음을 따라 나타나도다.

또 보살은 비록 마땅함을 따라 모든 곳에 태어남을 보이
지만 그러나 그 태어남에 머물지 않는다. 보살은 몸이 허공
과 같은 줄을 알면서도 가지가지로 중생들의 마음을 따라
나타내 보인다.

보 살 신 무 변
菩薩身無邊하야

보 현 일 체 처
普現一切處하야

상 공 경 공 양
常恭敬供養

최 승 양 족 존
最勝兩足尊이로다

보살의 몸 그지없어서
모든 곳마다 두루 나타내어
가장 훌륭하신 부처님[兩足尊]께
항상 공경하여 공양하도다.

보살의 몸은 무량무변하다. 그러므로 모든 곳에 널리 다
나타난다. 보살이 무량무변한 몸을 널리 나타내어 무엇을
하자는 것인가. 모든 사람 모든 생명을 부처님으로 받들어
섬기며 항상 공경하고 공양하려는 것이다. 만약 모든 사람
모든 생명을 부처님으로 받들어 섬기지 않는다면 보살의 몸
은 할 일이 없는 몸이 된다.

17) 결점 없는 장엄을 보이다

향 화 중 기 악
香華衆妓樂과

당 번 급 보 개
幢幡及寶蓋를

항 이 심 정 심
恒以深淨心으로

공 양 어 제 불
供養於諸佛이로다

향과 꽃과 온갖 풍류와

당기幢旗와 번기幡旗와 보배 일산으로

항상 깊고 청정한 마음을 다하여

모든 부처님께 공양하도다.

보살이 부처님께 올리는 공양의 종류와 자세를 밝혔다. 어떤 공양이든지 깊고 텅 비어 청정한 마음으로 모든 사람 모든 생명을 부처님으로 여겨서 공양 올리는 자세가 중요하다.

불 리 일 불 회
不離一佛會하고

보 재 제 불 소
普在諸佛所하야

어 피 대 중 중
於彼大衆中에

문 난 청 수 법
問難聽受法이로다

한 부처님 회상을 떠나지 않고

모든 부처님 계신 데 다 있으면서

그 대중들 가운데서

법을 묻기도 하고 법을 듣기도 하도다.

보살은 한 부처님 회상을 떠나지 않으면서 한편 모든 부처님의 회상에 두루 가 있다. 한 부처님 회상의 대중과 또 모든 부처님 회상의 대중과 더불어 다 같이 법을 묻고 법을 듣는다. 한 곳에서 이루어지는 일이 일체 처에서 똑같이 이루어지는 광경이다.

문 법 입 삼 매
聞法入三昧에

일 일 무 량 문
一一無量門이며

기 정 역 부 연
起定亦復然하야

시 현 무 궁 진
示現無窮盡이로다

법문을 듣고는 삼매에 들고
하나하나 한량없는 문
선정에서 일어남도 또한 그러해
끝이 없음을 나타내 보이도다.

보살이 법문을 묻는 일이나, 법문을 듣는 일이나, 삼매에 드는 일이나, 삼매에서 일어나는 일이나 모든 것이 한량없고 다함이 없이 모두 한결같다.

지혜 교 방 편
智慧巧方便으로

요 세 개 여 환
了世皆如幻호대

이 능 현 세 간
而能現世間의

무 변 제 환 법
無邊諸幻法이로다

지혜와 교묘한 방편으로

세간이 모두 환영과 같음을 알지만

그러나 능히 세간에서

무변한 모든 환영과 같은 법을 나타내도다.

보살의 지혜 방편은 일체 세간이 실재하지 않는 환영과
같음을 잘 알면서 그 환영과 같은 모든 세간에서 환영과 같
은 법을 나타내 보인다.

시 현 종 종 색
示現種種色하고

역 현 심 급 어
亦現心及語하야

입 제 상 망 중
入諸想網中호대

이 항 무 소 착
而恒無所着이로다

가지가지 형상을 나타내 보이고

마음과 말도 또한 나타내며

모든 생각의 그물에 들어가되
항상 집착하는 바 없도다.

보살은 가지가지 형상과 마음과 말을 나타내 보이고, 또 온갖 생각의 그물에 들어가서 수많은 사량과 분별을 하지만 그 어디에도 집착하는 바가 없다. 반대로 어리석은 중생은 모든 현상이 다 환영임에도 낱낱이 집착하고 일일이 다 장애를 받고 있다.

18) 수행이 원만하다

或現初發心하야   利益於世間하며

或現久修行의   廣大無邊際하니

혹은 처음으로 마음을 내어
세상을 이익되게 하고
혹은 오래전부터 행을 닦는 일

넓고 크고 끝닿은 데 없나니

시 계 인 정 진
施戒忍精進과

선 정 급 지 혜
禪定及智慧와

사 범 사 섭 등
四梵四攝等의

일 체 최 승 법
一切最勝法이로다

보시와 지계와 인욕과 정진과

선정과 그리고 지혜와

네 가지 범행梵行과 네 가지로 거둬 주는 등

일체 가장 훌륭한 법들이니라.

보살은 처음 발심함으로부터 세간을 이롭게 한다. 발심
의 그 마음은 곧 보리심菩提心으로서 다른 이를 이롭게 하는
이타심利他心이다. 다른 이를 이롭게 하는 수행을 넓고 크게
하며 무량무변으로 한다. 구체적으로는 보시, 지계, 인욕,
정진, 선정, 지혜의 여섯 가지 바라밀과 자비희사慈悲喜捨의
사무량심[四梵]과 보시, 애어, 이행, 동사의 사섭법 등 세상의
법 가운데 가장 수승한 일체 법이다.

혹 현 행 성 만
或現行成滿에

득 인 무 분 별
得忍無分別하고

혹 현 일 생 계
或現一生繫에

제 불 여 관 정
諸佛與灌頂이로다

혹은 수행이 원만함에

법인法忍을 얻어 분별이 없으며

혹은 일생보처一生補處로서

모든 부처님이 정수리에 물을 붓도다.

　보살의 수행이 원만하여 한 생만을 부처님의 보처보살이
되어 부처님이 정수리에 물을 부어 대를 잇게 하는 수기를 얻
는 일을 나타내 보이기도 한다. 이와 같은 내용은 일반적인
보살의 지위를 밝힌 것이지만 화엄경에서의 보살은 이미 부
처님과 동등하여 일체 지혜를 갖췄으며, 오히려 부처님의 지
위를 끝내고 다시 중생 교화를 위해 보살의 자리로 되돌아
온 뜻으로 설명한다. 불교 수행의 목적은 성불에 있는 것이
아니라 보살행에 있기 때문이다.

19) 여러 가지 모양을 나타내 보이다

혹 현 성 문 상
或現聲聞相하고

혹 부 현 연 각
或復現緣覺하야

처 처 반 열 반
處處般涅槃호대

불 사 보 리 행
不捨菩提行하며

혹은 성문의 모습을 나타내고

혹은 연각의 모습을 나타내어

곳곳에서 열반에 들지만

보리의 행을 버리지 않도다.

법화경에서는 보살은 32응신應身으로 나타내어 중생들의 뜻에 맞추어 교화한다고 하였다. 화엄경에서는 무엇이라고 설하고 있는가. 먼저 성문과 연각들의 이상은 열반에 들어 다시는 이 세상에 돌아오지 않는 것이다. 그러나 보살은 혹 성문과 연각의 모습을 나타내어 곳곳에서 열반에 들지만 다른 이를 이롭게 하는 보리행을 버리지 않고 다시 생사에 윤회하면서 중생들을 교화한다.

혹 현 위 제 석
或現爲帝釋하고

혹 현 위 범 왕
或現爲梵王하며

혹 천 녀 위 요
或天女圍遶하고

혹 시 독 연 묵
或時獨宴黙하며

혹은 제석천왕이 되기도 하고

혹은 범천왕이 되기도 하고

혹은 천녀들이 둘러앉았고

혹 어떤 때는 혼자 고요히 있네.

보살은 혹 제석천왕이 되고 범천왕이 되고 혹은 천녀들이 둘러앉아 시중을 들기도 하고 혹 어떤 때는 혼자 고요히 선정에 들기도 한다.

혹 현 위 비 구
或現爲比丘하야

적 정 조 기 심
寂靜調其心하고

혹 현 자 재 왕
或現自在王하야

통 리 세 간 법
統理世間法하며

혹은 비구가 되어

고요하게 마음을 조복하고

혹은 자재한 임금이 되어

세간법을 통솔하기도 하네.

보살은 혹 출가 비구의 모습을 지어 고요히 그 마음을 다스리기도 하고, 혹은 자재한 임금이 되어 지혜와 자비로써 나라를 다스리기도 한다.

혹 현 교 술 녀
或現巧術女하고

혹 현 수 고 행
或現修苦行하며

혹 현 수 오 욕
或現受五欲하고

혹 현 입 제 선
或現入諸禪하며

혹은 능숙한 요술쟁이 여자로 나타나고

혹은 고행을 닦기도 하며

혹은 오욕락을 받다가

혹은 선정에 들기도 하도다.

혹 현 초 시 생
或現初始生하고

혹 소 혹 노 사
或少或老死하나니

약 유 사 의 자
若有思議者면

심 의 발 광 란
心疑發狂亂이로다

혹은 처음으로 태어남을 나타내고
혹은 젊기도 하고 혹은 늙어 죽기도 하니
만약 이런 일을 생각하는 이는
마음이 의혹하여 광란하리라.

하늘과 같은 보살이 어찌하여 요술쟁이 여자가 되기도 하고, 오욕락에 빠져 있기도 하고, 혹은 처음 아기로 태어나서 젊고 늙고 하는 일이 있는가. 기존의 보살에 대한 상식을 가진 사람이라면 반드시 의심하고 혹 광란할 것이다.

혹 현 재 천 궁
或現在天宮하고

혹 현 시 강 신
或現始降神하며

혹 입 혹 주 태
或入或住胎하야

혹 불 전 법 륜
或佛轉法輪하며

혹은 천궁에 있기도 하고

혹은 비로소 정반왕궁에 내려오고

혹은 태胎에 들기도 하고 머물러 있기도 하며

혹은 부처님이 되어 법륜을 굴리며

혹 생 혹 열 반
或生或涅槃하고

혹 현 입 학 당
或現入學堂하며

혹 재 채 녀 중
或在婇女中하고

혹 리 속 수 선
或離俗修禪하며

혹은 태어나기도 하고 열반에도 들고

혹은 학당에 들어가기도 하며

혹은 채녀들 속에 있기도 하고

혹은 세속을 떠나 선정을 닦기도 하며

혹 좌 보 리 수
或坐菩提樹하야

자 연 성 정 각
自然成正覺하며

혹 현 전 법 륜
或現轉法輪하고

혹 현 시 구 도
或現始求道하며

혹은 보리수 아래 앉아서

자연히 정각 이루고

혹은 법륜을 굴리기도 하고

혹은 비로소 도를 구하기도 하며

혹 현 위 불 신
或現爲佛身하야

연 좌 무 량 찰
宴坐無量刹하며

혹 수 불 퇴 도
或修不退道하야

적 집 보 리 구
積集菩提具로다

혹은 부처님 몸이 되어서

한량없는 불찰佛刹에 앉기도 하고

혹은 물러나지 않는 도를 닦아서

보리의 도구를 모으기도 하도다.

석가모니의 생애를 보살로 간단히 나타내 보이는 것을
밝혔다. 흔히 팔상성도八相成道라고 하는 부처님의 일생이다.
보살이 처음 도솔천에 있다가 신령神靈을 정반왕궁에 내리어
마야부인의 모태에 들어 머물기도 하고 태어나기도 하며 동

자로 살다가 출가하는 등의 일생이다.

20) 시간과 장소가 원융圓融하다

심 입 무 수 겁
深入無數劫하야

개 실 도 피 안
皆悉到彼岸하니

무 량 겁 일 념
無量劫一念이요

일 념 무 량 겁
一念無量劫이로다

수없는 겁에 깊이 들어가서

모두 다 저 언덕 이르니

무량한 겁이 한 생각이요

한 생각이 한량없는 겁이로다.

　보살이 깨달음의 저 언덕에 이르면 시간과 공간이 모두
원융자재하다. 모든 사람 모든 생명은 시간과 공간이 씨줄
과 날줄로 짜여 있는데 그것이 원융자재하지 못하여 모든
일에 제한을 받는다. 그래서 오늘은 오늘이고 내일은 내일
이며, 이곳은 이곳이고 저곳은 저곳일 뿐이다. 과거와 현재

와 미래가 원융자재하지 못하고, 이곳과 저곳이 원융자재하지 못하다. 그러나 보살은 시간과 공간이 원융자재하기 때문에 일념이 즉시 무량겁이고 무량겁이 즉시 일념이다. 실은 모든 사람에게도 모든 시간이 이와 같으나 그 이치를 활용하지 못할 뿐이다. 공간도 물론 그와 같다.

일 체 겁 비 겁　　　　　　위 세 시 현 겁
一切劫非劫이로대　　　　**爲世示現劫**하니

무 래 무 적 집　　　　　　성 취 제 겁 사
無來無積集이나　　　　**成就諸劫事**로다

모든 겁은 겁이 아니지마는
세상을 위해 겁을 나타내 보이니
온 데도 없고 쌓음도 없으나
모든 겁의 일을 성취하도다.

실로 모든 시간은 시간이 아니다. 즉 시간은 본래 없다. 그러나 세상을 따라 편의상 시간을 정하여 나타내고, 오늘이니 내일이니, 금년이니 내년이니 하는 것을 정하여 일을 만

들어 간다.

어 일 미 진 중
於一微塵中에

보 견 일 체 불
普見一切佛이

시 방 일 체 처
十方一切處에

무 처 이 불 유
無處而不有로다

작은 먼지 하나 속에서
일체 부처님을 두루 보나니
시방의 모든 곳마다
아니 계신 데 한 곳도 없도다.

공간성도 그와 같다. 하나의 먼지 속에 시방세계가 있고
일체의 먼지 속에도 또한 그와 같다. 그래서 작은 먼지 하나
속에서 일체 부처님을 두루 본다. 시방의 모든 곳마다 부처
님이 아니 계신 데 한 곳도 없다.

국 토 중 생 법
國土衆生法을

차 제 실 개 견
次第悉皆見하야

경 무 량 겁 수
經無量劫數토록

구 경 불 가 진
究竟不可盡이로다

국토와 중생의 법을
차례로 다 살펴보니
한량없는 겁 지나더라도
구경까지 다할 수 없도다.

국토와 시간과 중생에 대한 이치와 법을 하나하나 관찰하여 한량없는 겁이 지날 때까지 하더라도 끝까지 다할 수 없다.

21) 근기를 알아 법을 설하다

보 살 지 중 생
菩薩知衆生의

광 대 무 유 변
廣大無有邊한

피 일 중 생 신
彼一衆生身에

무 량 인 연 기
無量因緣起하나니

보살은 저 중생들이

광대하여서 끝이 없는데
저 한 중생의 몸도
한량없는 인연으로 생겼음을 알도다.

보살은 한 중생의 몸도 한량없는 인연으로 생겼다는 사실을 안다. 그런데 중생들의 수가 얼마나 광대무변한가. 광대무변한 중생들이 무량무변한 아승지 인연으로 생긴 것을 생각해 보라. 그 인연이 도대체 얼마인가. 부처님이나 중생을 다 포함해서 모든 법은 인연으로 생기고 인연으로 소멸한다. 풀 한 포기, 작은 미세먼지 하나도 마찬가지다. 이 인연의 법칙은 우주의 원리이다. 모든 사람이 부처님의 깨달음은 이 이치를 깨달은 것이라고 한다. 그래서 평생을 통해서 가장 자주 말씀하셨다.

그 인연이라는 이치는 콩 심은 데 콩 나고 팥 심은 데 팥 나는 매우 간단하고 쉬운 이치이다. 그런데 사람들이 기도를 심어 돈이 나기를 바라고, 기도를 심어 공부가 나기를 바라고, 기도를 심어 합격이 나기를 바라고, 기도를 심어 건강이 나기를 바라는 것을 보면 그렇게 쉬운 이치가 아닌 것 같다.

여 지 일 무 량
如知一無量하야

일 체 실 역 연
一切悉亦然이라

수 기 소 통 달
隨其所通達하야

교 제 미 학 자
教諸未學者호대

한 중생 인연이 한량없음을 알듯이

모든 중생들마다 다 그러하네.

그렇게 보고 통달한 대로

모든 아직 못 배운 이들을 가르치되

실 지 중 생 근
悉知衆生根의

상 중 하 부 동
上中下不同하며

역 지 근 전 이
亦知根轉移의

응 화 불 응 화
應化不應化하야

중생들의 근기가

상중하가 같지 않음을 알며

또한 근기가 달라지고 변해도

교화하고 교화하지 못할 것을 역시 다 알되

일 근 일 체 근
一根一切根의

전 전 인 연 력
展轉因緣力이

미 세 각 차 별
微細各差別을

차 제 무 착 란
次第無錯亂하며

한 중생 근기와 모든 근기의

제각기 다른 인연의 힘이

미세하게 각각 차별한 것을

차례로 알아 어김이 없도다.

풀 한 포기, 나무 한 그루가 있기까지의 인연은 실로 무량무변하다. 한 사람, 한 생명이 존재하기까지의 인연도 무량무변하다. 시간이라는 인연과 공간이라는 인연 등 어쩌면 우주 전체의 인연이 동원되어 풀 한 포기를 만들고 우주 전체의 인연이 동원되어 한 중생이 존재하게 되는지도 모른다. 보살은 이와 같은 무량하고 무변하고 불가사의한 인연의 차별을 다 알아 착오가 없다.

우 지 기 욕 해　　　　　일 체 번 뇌 습
又知其欲解와　　　　**一切煩惱習**하며

역 지 거 래 금　　　　　소 유 제 심 행
亦知去來今의　　　　**所有諸心行**하며

또 그 중생들의 욕망과 이해와

모든 번뇌와 습기를 알며

또한 과거와 미래와 현재의

모든 마음과 행동을 알고

요 달 일 체 행　　　　　무 래 역 무 거
了達一切行의　　　　**無來亦無去**하고

기 지 기 행 이　　　　　위 설 무 상 법
旣知其行已에　　　　**爲說無上法**이로다

여러 가지 행行 오지도 않고

또한 가지도 않음을 통달하며

그러한 행을 이미 모두 다 알아

가장 높은 법문을 설해 주도다.

그뿐만 아니라 보살은 그 중생들의 욕망과 이해와 모든

번뇌와 습기를 알며, 또한 과거와 미래와 현재의 모든 마음
과 행동을 알아, 그것에 알맞게 가장 적적한 법을 설한다.

22) 조용한 작용이 신속하다

잡 염 청 정 행
雜染清淨行을

종 종 실 요 지
種種悉了知하야

일 념 득 보 리
一念得菩提하야

성 취 일 체 지
成就一切智하며

오염된 행과 청정한 행을

가지가지 모두 다 알고

한 생각에 보리를 얻어

일체 지혜를 이루었으며

주 불 부 사 의
住佛不思議가

구 경 지 혜 심
究竟智慧心하야

일 념 실 능 지
一念悉能知가

일 체 중 생 행
一切衆生行이로다

부처님의 불가사의한

구경究竟인 지혜의 마음에 안주하여

모든 중생의 행을

한 생각에 모두 다 알도다.

보살은 무엇이 오염된 행이며 무엇이 청정한 행인지를 낱
낱이 다 알아서 한순간에 깨달음을 얻어 지혜를 이룬다. 중
생들은 오염된 행과 청정한 행을 알지 못하는 데서 온갖 문
제를 불러 온다. 또 보살은 부처님이 성취하신 불가사의하
며 구경의 경지인 일체 지혜의 마음에 안주하여 모든 중생의
행을 남김없이 다 안다. 그러므로 보살은 부처님의 경지를
성취하고 난 뒤 중생 교화를 위해 보살행으로 회향하는 것
이다.

보 살 신 통 지
菩薩神通智와

능 어 일 념 중
能於一念中에

공 력 이 자 재
功力已自在하야

왕 예 무 변 찰
往詣無邊刹이로다

보살의 신통한 지혜와
공덕의 힘이 이미 자유자재해서
능히 잠깐 동안에
끝없는 세계에 나아가도다.

그러므로 보살은 신통한 지혜와 공덕의 힘이 이미 자유
자재하여 한순간에 끝없는 세계에 나아가서 중생을 교화
한다.

여 시 속 질 왕
如是速疾往을

진 어 무 수 겁
盡於無數劫하야

무 처 이 부 주
無處而不周호대

막 동 호 단 분
莫動毫端分이로다

이와 같이 빨리 가기를
무수겁이 다할 때까지 해서
두루 하지 않은 데 없지만
털끝만큼도 동하지 않도다.

보살의 조용한 작용은 신속하여 한순간에 무수한 겁을 다하여 두루 하지 않은 데가 없다. 그러나 일찍이 털끝만큼도 움직인 바가 없다.

23) 자비는 지혜를 함께하고 있다

비 여 공 환 사
譬如工幻師가

시 현 종 종 색
示現種種色호대

어 피 환 중 구
於彼幻中求하면

무 색 무 비 색
無色無非色인달하야

비유컨대 요술쟁이가

갖가지 색상을 나타내 보이지만

그 환술 속에서 찾아보면

색상도 없고 색상 아닌 것도 없듯이

보 살 역 여 시
菩薩亦如是하야

이 방 편 지 환
以方便智幻으로

종 종 개 시 현
種種皆示現하야

충 만 어 세 간
充滿於世間이로다

보살도 또한 그와 같아서

방편과 지혜의 요술로

가지가지를 다 나타내 보여서

세간에 가득하게 하도다.

보살의 자비가 지혜를 함께하고 있음을 비유로 밝혔다. 자비는 지혜를 함께해야 올바른 자비가 되고, 지혜는 자비를 동반해야 지혜로서의 의무를 다하는 것이 된다. 지혜만 있고 자비가 없으면 물기 없는 지혜가 되어 건조하고 외롭다.

요즘의 마술사들은 참으로 기상천외한 마술을 다 나타내 보인다. 그러나 마술은 다만 마술인지라 사람의 눈을 속일 뿐이다. 그 마술 속에는 색상도 없고 색상 아닌 것도 없다. 보살도 또한 그와 같아서 방편과 지혜의 요술로 가지가지를 다 나타내 보여서 세간에 가득하게 하지만 그 실체는 없다. 그래서 "환영과 같은 자비와 지혜를 쓴다[用如幻悲智]." 고 한다.

비 여 정 일 월
譬如淨日月이

교 경 재 허 공
皎鏡在虛空하야

영 현 어 중 수
影現於衆水호대

불 위 수 소 잡
不爲水所雜인달하야

비유컨대 청정한 해와 달이

허공에서 밝게 비치어

온갖 물속에 그림자 보이나

물과 섞이지 않듯이

보 살 정 법 륜
菩薩淨法輪도

당 지 역 여 시
當知亦如是하야

현 세 간 심 수
現世間心水호대

불 위 세 소 잡
不爲世所雜이로다

보살의 청정한 법륜도

마땅히 알라 역시 그와 같아서

세상 사람의 마음 물에 비치건만

세상에 섞이지 않도다.

그야말로 천 강에 물이 있으니 천 강에 달이 있다[千江有水

千江月는 비유이다. 그러나 물과 달은 섞이지 않는다. 보살의 청정한 법륜도 역시 그와 같아서 세상 사람들의 마음의 물에 비치건만 세상에 섞이지 않는다.

여 인 수 몽 중
如人睡夢中에

조 작 종 종 사
造作種種事하야

수 경 억 천 세
雖經億千歲이나

일 야 미 종 진
一夜未終盡인달하야

마치 어떤 사람이 잠이 들어 꿈꾸는 가운데서

가지가지 일 지어 내면서

비록 억천 년을 지낸다지만

하룻밤도 아직 다하지 못하듯이

보 살 주 법 성
菩薩住法性하야

시 현 일 체 사
示現一切事에

무 량 겁 가 극
無量劫可極이나

일 념 지 무 진
一念智無盡이로다

보살이 법의 성품에 머물러 있어
여러 가지 일을 나타내 보이는 데
한량없는 겁이 다 간다 해도
한순간의 지혜도 다함이 없도다.

아침 예불에 종을 치는 사미가 종을 한 번 쳐서 그 종소리가 아직 끝나지 않았는데 잠깐 꿈을 꾸면서 수십 년의 일생을 살다 깨어나지 않는가. 꿈속에서 비록 억천 년을 지낸다 하더라도 그와 같을 것이다. 보살이 법의 성품에 머물러 있으면서 여러 가지 일을 나타내 보이는 데 한량없는 겁이 다 간다 해도 그것은 보살의 한순간의 지혜도 다한 것이 아니다. 일념이 곧 무량겁인 것이 보살에게는 이미 체화體化가 된 경지이다.

비 여 산 곡 중
譬如山谷中과

종 종 개 향 응
種種皆響應호대

급 이 궁 전 간
及以宮殿間에

이 실 무 분 별
而實無分別인달하야

비유하자면 산골짜기나

궁전 속에서

여러 가지로 울리는 메아리

실상은 분별이 없듯이

보 살 주 법 성
菩薩住法性하야

능 이 자 재 지
能以自在智로

광 출 수 류 음
廣出隨類音도

역 부 무 분 별
亦復無分別이로다

보살이 법의 성품에 머물러 있어

능히 자유자재한 지혜로

종류를 따라 널리 내는 음성도

또한 다시 분별이 없도다.

산골짜기에서 울리는 메아리가 분별이 없듯이 보살이 법의 성품에 머물러서 자유자재한 지혜로 내는 소리도 분별이 없다.

여 유 견 양 염
如有見陽焰하고

상 지 이 위 수
想之以爲水하야

치 축 부 득 음
馳逐不得飮일새

전 전 갱 증 갈
展轉更增渴인달하야

마치 어떤 이가 아지랑이를 보고

물인 양 여겨

쫓아가지만 먹지 못하고

한 걸음 한 걸음 목만 더 마르듯이

중 생 번 뇌 심
衆生煩惱心도

응 지 역 여 시
應知亦如是일새

보 살 기 자 민
菩薩起慈愍하야

구 지 영 출 리
救之令出離로다

중생의 번뇌 마음도

응당히 알라 그와 같거늘

보살이 자비심을 일으켜서

그를 구원하여 벗어나게 하도다.

아지랑이는 멀리서 보면 마치 흐르는 물과 같다. 목이 마른 사람은 그 물을 먹으려고 쫓아가지만 물의 실체는 없고 목만 더 마르다. 중생들 번뇌의 마음도 그와 같다. 욕심을 낼수록 소금물을 마시는 것과 같아서 더욱 물을 켜게 되지만 목은 더욱 마르다. 그래서 보살이 자비심을 일으켜서 그들을 구원하여 벗어나게 한다.

24) 지혜는 자비를 함께하고 있다

관 색 여 취 말
觀色如聚沫하며

수 여 수 상 포
受如水上泡하며

상 여 열 시 염
想如熱時焰하며

제 행 여 파 초
諸行如芭蕉하며

물질[色]은 마치 물거품이 모인 것 같고

느낌[受]은 물 위에 뜬 거품과 같으며

생각[想]은 아지랑이 같고

의지작용[行]은 파초 같으며

심 식 유 여 환
心識猶如幻호대

시 현 종 종 사
示現種種事하나니

여 시 지 제 온
如是知諸蘊하야

지 자 무 소 착
智者無所着이로다

인식하는 마음[識]은 환술과 같지만

가지가지 일을 나타내 보이나니

이와 같이 오온五蘊을 알아

지혜로운 이는 집착이 없도다.

지혜는 반드시 자비의 실천으로 나타나야 한다. 지혜는
있는데 자비를 실천하지 않으면 아무런 쓸모가 없는 지혜가
되고 만다. 색수상행식色受想行識이라는 오온이 모두 실체가
없다는 것을 비유로 밝혔다. 지혜로운 보살은 오온색신을
그와 같이 알아서 집착이 없다.

제 처 실 공 적
諸處悉空寂이나

여 기 관 동 전
如機關動轉하며

제 계 성 영 리
諸界性永離나

망 현 어 세 간
妄現於世間하나니

십이처十二處가 모두 공적하지만

마치 기계가 돌아가는 듯하고

십팔계十八界는 성품이 아예 없으나

허망하게 세간에 나타나는 것

보 살 주 진 실
菩薩住眞實이

적 멸 제 일 의
寂滅第一義하야

종 종 광 선 창
種種廣宣暢호대

이 심 무 소 의
而心無所依로다

보살이 참성품에 머무는 것이

적멸한 첫째의 이치라

가지가지로 연설하지만

마음은 의지한 데 없도다.

　보살은 오온과 더불어 12처와 18계도 그와 같이 실체가 없
음을 알고, 진실한 경지인 참성품의 적멸한 제일의제에 머문
다. 그와 같은 이치를 근본으로 삼아 널리 중생을 위해 법을
설한다. 널리 법을 설하지만 어디에도 의지하는 바는 없다.

무 래 역 무 거
無來亦無去하며

역 부 무 유 주
亦復無有住호대

번 뇌 업 고 인
煩惱業苦因의

삼 종 항 유 전
三種恒流轉이로다

오는 데도 없고 가는 데도 없고
또한 머물러 있음도 없지만
번뇌와 업과 괴로움의 씨앗
세 가지가 항상 흘러가도다.

인생은 왔다고 하지만 온 것이 아니요, 간다고 하지만 가는 것도 아니며, 그렇다고 해서 어느 한 곳에 머물러 있는 것도 아니다. 그러한 가운데서 번뇌와 업과 고통, 이 셋이 항상 유전한다. 그것을 혹惑, 업業, 고苦라고도 한다.

연 기 비 유 무
緣起非有無며

비 실 역 비 허
非實亦非虛니

여 시 입 중 도
如是入中道하야

설 지 무 소 착
說之無所着이로다

연기緣起는 있지도 않고 없지도 않고

참도 아니고 헛것도 아니니

이와 같이 중도中道에 들어가

그것을 설하지만 집착 없도다.

연기란 유형무형의 일체 법이 존재하게 된 존재 원리다.
즉 연기의 법칙에 의하여 일체 법이 존재한다는 것이다. 부처
님이 보리수 아래에서 이루신 정각의 내용도 일체 법이 연기
의 이치로 존재하는 것을 깨달은 것으로 정의한다.

연기의 법칙 속에는 작은 먼지와 세포에서부터 사람의 몸
과 지구와 드넓은 우주공간의 무수한 별들의 세계까지 모두
포함된다. 인간세계와 우주에서 일어나고 소멸하는 온갖 흥
망성쇠도 모두 포함한다. 그래서 일체 존재는 고정되게 있
는 것도 아니고 아주 없는 것도 아니다. 있기도 하고 없기도
하다. 진실한 것도 아니고 헛된 것도 아니다. 진실하기도 하
고 헛되기도 하다. 일체 존재를 그와 같이 보는 견해를 중도
의 견해라고 한다. 중도의 견해가 올바른 견해[正見]이다. 다
시 말하면 연기는 존재 원리이고 중도는 존재 원리를 보는

견해이다. 그래서 부처님이나 보살들이 일체 존재의 존재 원리를 설할 때는 언제나 연기를 설하고 중도를 설하신다.

능 어 일 념 중
能於一念中에

보 현 삼 세 심
普現三世心과

욕 색 무 색 계
欲色無色界의

일 체 종 종 사
一切種種事로다

한 생각에 세 세상 마음과

욕계와 색계와 무색계의

여러 가지 복잡한 일을

능히 두루 나타내도다.

한 생각 속에 과거 현재 미래의 마음과 욕계와 색계와 무색계의 일체 모든 일이 다 나타나 있다. 사람의 한순간 한 가지 일에 삼세와 삼계가 다 나타나 있다는 뜻이다. 예컨대 흙 한 줌이나 돌 하나에 이 지구의 모든 역사 정보가 다 들어 있음을 아는 것과 같다.

수 순 삼 율 의　　　　　연 설 삼 해 탈
隨順三律儀하야　　　**演說三解脫**하며

건 립 삼 승 도　　　　　성 취 일 체 지
建立三乘道하야　　　**成就一切智**로다

세 가지의 율의律儀를 수순하여

세 가지 해탈을 연설하고

삼승의 길을 세워 가면서

일체 지혜를 성취하도다.

　세 가지 율의[三律儀]는 계율의 세 가지를 말한다. ① 별해탈율의別解脫律儀는 별해탈계別解脫戒라고도 한다. 신身의 3과 구口의 4의 악을 따로 방지하여 악을 짓지 않도록 노력하는 것이다. ② 정려율의靜慮律衣는 정공계定共戒라고도 하는데 색계정色界定에 든 이는 스스로 신身·어語의 허물을 멀리하므로 정定과 함께 계체戒體를 얻는다. ③ 무루율의無漏律儀는 도공계道共戒라고도 하는데 무루심을 일으키면 스스로 신身·어語의 허물을 멀리하므로 계체도 동시에 얻는 것이다. 뒤의 둘은 정심定心이 무루심과 함께 일어나므로 수심전隨心轉이라 하고, 별해탈율의는 이에 반反하므로 불수심전不隨心轉이라 한다.

세 가지 해탈[三解脫]은 삼공문三空門·삼삼매三三昧라 한다. 해탈을 얻는 세 가지 방법이다. ① 공해탈문空解脫門은 일체 만유가 다 공空하다고 관하는 것이고 ② 무상해탈문無相解脫門은 상대적 차별한 모양이 없다고 관하는 것이고 ③ 무작해탈문無作解脫門은 무원해탈문無願解脫門이라고도 하니 일체 것을 구할 것이 없다고 관함을 이른다.

삼승三乘은 성문과 연각과 보살에 대한 세 가지 교법教法이다. 승乘은 물건을 실어 옮기는 것을 목표로 하니, 부처님의 교법을 중생을 실어 열반의 언덕에 이르게 하는 데 비유한 것이다. ① 성문승은 4제諦의 법문이니 부처님이 말씀하는 소리를 듣고 이를 관하여 해탈을 얻고 ② 연각승은 12인연의 법문이니 스승에게 가지 않고 스스로 잎이 피고 꽃이 지는 따위의 이치를 관하여 깨닫는 것이고 ③ 보살승은 육바라밀의 법문이니 보살은 이 법문에 의하여 스스로 해탈하고 남을 해탈케 하여 부처를 이루는 것이다.

요 달 처 비 처
了達處非處와

제 업 급 제 근
諸業及諸根과

계 해 여 선 정
界解與禪定과

일 체 지 처 도
一切至處道와

옳은 곳과 그른 곳과

여러 업과 모든 근성과

경계와 지혜와 선정이며

일체 이르러 갈 길을 알고

숙 명 념 천 안
宿命念天眼과

멸 제 일 체 혹
滅除一切惑하야

지 불 십 종 력
知佛十種力호대

이 미 능 성 취
而未能成就로다

지난 세상 다 알고 하늘눈 얻고

모든 의혹 습기를 소멸하여

부처님의 열 가지 힘을 알되

그러나 아직 능히 성취하지 못함이로다.

열 가지 지혜의 힘을 낱낱이 열거하여 밝혔다. 이 열 가지
힘은 부처님의 능력이나 보살의 능력을 나타낼 때 가장 많이
거론하는 지혜의 힘이다.

요 달 제 법 공
了達諸法空호대

이 상 구 묘 법
而常求妙法하며

불 여 번 뇌 합
不與煩惱合호대

이 역 부 진 루
而亦不盡漏로다

모든 법이 공함을 알지만

묘한 법을 항상 구하며

번뇌와 화합하지 않았으나

또한 번뇌를 다하지도 않도다.

　모든 법이 텅 비어 공하다는 사실을 잘 알면서 다시 미묘한 법을 열심히 구하는 것이 보살의 법에 대한 중도적 자세다. 또 보살은 번뇌와 함께하지 않지만 그렇다고 해서 번뇌를 아주 다해 버리지도 않는다. 왜냐하면 번뇌가 아주 다해 없어지면 번뇌 많은 중생들의 사정을 모르고 교화를 하지 못하기 때문이다.

광 지 출 리 도
廣知出離道호대

이 이 도 중 생
而以度衆生이라

어 차 득 무 외
於此得無畏하야

불 사 수 제 행
不捨修諸行이로다

벗어나는 길을 두루 알고서

중생들을 건지며

여기에 두려움이 없지만

모든 수행을 버리지 않도다.

무 류 무 위 도
無謬無違道하며

역 불 실 정 념
亦不失正念호대

정 진 욕 삼 매
精進欲三昧에

관 혜 무 손 감
觀慧無損減이로다

바른 도에 그릇됨이 없고 어긋남도 없으며

또한 바른 생각을 잃지도 않아

정진하여 삼매를 얻으려고

관찰하는 지혜 감하지 않도다.

삼 취 개 청 정
三聚皆清淨하며

삼 세 실 명 달
三世悉明達호대

대　자　민　중생
大慈愍衆生하야

일　체　무　장　애
一切無障礙로다

삼취가 모두 청정하며

세 세상 모두 밝게 통달하고

큰 자비로 중생을 애민하게 여겨

모든 것에 걸림이 없도다.

　　삼취三聚란 삼정취三定聚라고도 하는데 사람의 성질을 셋으로 나눈 것이다. ① 정정취正定聚는 향상 진전하여 결정코 성불할 종류이며 ② 사정취邪定聚는 성불할 만한 소질이 없어 더욱 타락하여 가는 종류이며 ③ 부정취不定聚는 연緣이 있으면 성불할 수 있고 연이 없으면 미迷할 일류一類로서 향상과 타락에 결정이 없는 기류이다. 이 셋은 어느 경론에서도 인정하지만 선천적이냐 후천적이냐, 또는 필연이냐 우연이냐에 대해서는 각기 견해가 다르다.

25) 공덕은 다함이 없다

유 입 차 법 문
由入此法門하야

득 성 여 시 행
得成如是行하나니

아 설 기 소 분
我說其少分의

공 덕 장 엄 의
功德莊嚴義로다

이 법문에 들어감을 말미암아

이와 같은 행을 이루나니

공덕으로 장엄한 뜻을

내 조금만 말함이로다.

궁 어 무 수 겁
窮於無數劫토록

설 피 행 무 진
說彼行無盡이니

아 금 설 소 분
我今說少分이

여 대 지 일 진
如大地一塵이로다

한량없는 겁 동안 말하여도

저 행行은 다 말할 수 없나니

내가 지금 조금 말한 것은

큰 땅에서 한 점 먼지와 같도다.

보살의 공덕에 대한 설명이 내용에 비하여 너무나 부족하기 때문에 한량없는 겁 동안 말하여도 저 행行은 다 말할 수 없나니 내가 지금 조금 말한 것은 비유하자면 큰 땅에 있는 한 점 먼지와 같다고 한 것이다. 앞으로는 십신행과 십주행과 십행행 등에 대해서 게송으로 간략히 다시 설한 중송 부분이다.

26) 십신행+信行을 보이다

의 어 불 지 주
依於佛智住하야

기 어 기 특 상
起於奇特想하며

수 행 최 승 행
修行最勝行하야

구 족 대 자 비
具足大慈悲로다

부처님의 지혜를 의지하여 머물고

기특한 생각을 일으키며

가장 수승한 행을 닦아 행하여

큰 자비심 갖추었도다.

수행점차에는 원융문圓融門과 항포문行布門이 있다. 원융문이란 하나의 지위에 일체의 지위를 다 구족하였다는 뜻이고, 항포문이란 하나의 지위에 일체의 지위를 다 갖추었으나 다 갖춘 상태에서 하나하나 낱낱 지위를 밟아 올라간다는 뜻이다. 십신의 문에도 등각과 묘각의 뜻이 있고, 등각과 묘각의 내용에도 십신의 뜻이 있다. 그래서 처음 발심하였을 때 이미 정각을 이루었다고 하는 것이다. 그러므로 어디에 치우쳐서 집착하고 고집할 것은 아니다.

십신十信은 보살이 수행하는 계위階位 52위 중 처음의 10위位이다. 부처님의 교법을 믿어 의심이 없는 지위로서 신심信心· 염심念心· 정진심精進心· 혜심慧心· 정심定心· 불퇴심不退心· 호법심護法心· 회향심廻向心· 계심戒心· 원심願心을 말한다.

정 근 자 안 은
精勤自安隱하야

교 화 제 함 식
教化諸含識하며

안 주 정 계 중
安住淨戒中하야

구 제 수 기 행
具諸授記行이로다

부지런히 정진하여 마음이 편안하며

여러 중생을 교화하고
청정한 계율에 머물러 있어
모든 수기의 행을 갖추었도다.

능 입 불 공 덕　　　　　중 생 행 급 찰
能入佛功德과　　　　　**衆生行及剎**하야

겁 세 실 역 지　　　　　무 유 피 염 상
劫世悉亦知호대　　　　**無有疲厭想**이로다

부처님의 공덕과
중생의 행과 세계에 들어가며
겁劫과 세 세상 모두 다 알되
고달픈 생각 생기지 않도다.

차 별 지 총 지　　　　　통 달 진 실 의
差別智總持로　　　　　**通達眞實義**하야

사 유 설 무 비　　　　　적 정 등 정 각
思惟說無比인　　　　　**寂靜等正覺**이로다

차별한 지혜와 모든 다라니

진실한 이치 통달해 알며
생각하여 말하는 것 비길 데 없고
적정하여 바른 깨달음과 같도다.

하나하나의 법문에 한량없는 뜻이 내재되어 있는 것을
큰 땅에서 겨우 작은 먼지 하나 정도만 설하는 것이어서 게
송 하나하나가 함축한 내용이 매우 많다.

27) 십주행+住行을 보이다

발 어 보 현 심
發於普賢心하며

급 수 기 행 원
及修其行願하야

자 비 인 연 력
慈悲因緣力으로

취 도 의 청 정
趣道意清淨이로다

보현의 마음을 내고
그 행行과 원願을 닦으며
자비와 인연의 힘으로
도에 나아가는 마음 청정하도다.

십주의 첫 지위가 발심주發心住이다. 발심이란 보리심, 즉 보현보살의 다른 이를 이롭게 하는 마음[利他心]에 안주하는 것이다. 그래서 보현의 마음을 내고 그 행行과 원願을 닦는다.

수 행 바 라 밀
修行波羅蜜하며

구 경 수 각 지
究竟隨覺智하며

증 지 력 자 재
證知力自在하야

성 무 상 보 리
成無上菩提로다

바라밀다를 닦아 행하고

구경에 깨달음의 지혜를 따르며

힘이 자재함을 증득해 알고

위없는 보리를 이루도다.

성 취 평 등 지
成就平等智하며

연 설 최 승 법
演說最勝法하며

능 지 구 묘 변
能持具妙辯하야

체 득 법 왕 처
逮得法王處로다

평등한 지혜 성취하고
가장 수승한 법을 연설하며
능히 지니고 미묘한 변재 갖추어
법왕의 경지를 얻게 되도다.

원 리 어 제 착
遠離於諸着하야

연 설 심 평 등
演說心平等하며

출 생 어 지 혜
出生於智慧하야

변 화 득 보 리
變化得菩提로다

모든 집착을 멀리 여의고
평등한 마음을 연설하여
지혜를 내고
모든 변화로 보리를 얻도다.

십주+住를 다시 열거하여 복습한다. 십주란 보살이 수행
하는 계위階位인 52위 중 제11위位에서 제20위까지이다. 10
신위信位를 지나서 마음이 진제眞諦의 이치에 안주安住하는 위
치에 이르렀다는 뜻으로 주住라 한다.

① 발심주發心住는 10신信의 종가입공관從假入空觀의 관법
이 완성되어 진무루지眞無漏智를 내고 마음이 진제의 이
치에 안주하는 지위이다.

② 치지주治地住는 항상 공관空觀을 닦아 심지心地를 청정
하게 다스리는 지위이다.

③ 수행주修行住는 만선萬善과 만행萬行을 닦는 지위이다.

④ 생귀주生貴住는 정히 부처님의 기분氣分을 받아 여래종
에 들어가는 지위이다.

⑤ 구족방편주具足方便住는 부처님과 같이 자리이타自利利
他의 방편행을 갖추어 상모가 결함이 없는 지위이다.

⑥ 정심주正心住는 용모가 부처님과 같을 뿐만 아니라 마
음도 똑같은 지위이다.

⑦ 불퇴주不退住는 몸과 마음이 하나로 이루어 날마다 더
욱 자라나고 물러서지 않는 지위이다.

⑧ 동진주童眞住는 그릇된 소견이 생기지 않고 보리심을
파하지 않는 것이 마치 동자의 천진하여 애욕이 없는
것과 같아서 부처님의 10신身 영상靈相이 일시에 갖추
어지는 지위이다.

⑨ 법왕자주法王子住는 부처님의 가르침을 따라 지해智解가 생겨 다음 세상에 부처님 지위를 이을 지위이다.

⑩ 관정주灌頂住는 보살이 이미 불자가 되어 부처님의 사업을 감당할 만하므로 부처님이 지혜의 물로써 정수리에 붓는 것이 마치 인도에서 왕자가 자라면 국왕이 손수 바닷물을 정수리에 부어 국왕이 되게 하는 것과 같으므로 이렇게 이른다.

28) 십행행十行行을 보이다

주 지 일 체 겁
住持一切劫에

지 자 대 흔 위
智者大欣慰라

심 입 급 의 지
深入及依止호대

무 외 무 의 혹
無畏無疑惑이로다

온갖 겁에 머물러 있으면서
지혜 있는 이 크게 기뻐하며
깊이 들어가고 의지하여
두려움 없고 의혹 없음이로다.

요 달 부 사 의
了達不思議하야

교 밀 선 분 별
巧密善分別하며

선 입 제 삼 매
善入諸三昧하야

보 견 지 경 계
普見智境界로다

불가사의를 분명히 알고

교묘하고 비밀하게 잘 분별하며

모든 삼매에 잘 들어가

지혜의 경계를 널리 살피도다.

구 경 제 해 탈
究竟諸解脫하며

유 희 제 통 명
遊戲諸通明하야

전 박 실 영 리
纏縛悉永離하고

원 림 자 유 처
園林恣遊處로다

모든 해탈문 끝까지 얻고

모든 신통과 밝음에 유희하며

얽힘과 속박을 아주 떠나서

동산에 마음대로 거닐도다.

백 법 위 궁 전
白法爲宮殿에

제 행 가 흔 락
諸行可欣樂이라

현 무 량 장 엄
現無量莊嚴하야

어 세 심 무 동
於世心無動이로다

흰 법으로 궁전을 삼아

모든 행이 매우 즐겁고

한량없는 장엄을 나타내니

세상에 마음이 동하지 않도다.

심 심 선 관 찰
深心善觀察하며

묘 변 능 개 연
妙辯能開演하야

청 정 보 리 인
淸淨菩提印의

지 광 조 일 체
智光照一切로다

깊은 마음으로 잘 관찰하고

묘한 변재로 법을 말하며

청정한 보리의 인印으로

지혜의 광명 온 누리 비추도다.

소 주 무 등 비
所住無等比하야

기 심 불 하 열
其心不下劣하니

입 지 여 대 산
立志如大山하며

종 덕 약 심 해
種德若深海로다

머무는 곳은 같을 이 없고

그 마음은 하열하지 않으며

세운 뜻은 태산과 같고

심은 공덕은 깊은 바다와 같도다.

십행十行이란 보살이 수행하는 계위階位인 52위位 중에서 10신信 · 10주住에서 나아가 묘각妙覺에 이르는 한 계위의 이름이다. 보살이 10주위의 끝에서 불자佛子로 인가를 얻은 뒤에 다시 나아가 이타利他의 수행을 완수하기 위하여 중생 제도에 노력하는 지위를 10으로 나눈 것이다.

열 가지 이름은 환희행歡喜行 · 요익행饒益行 · 무진한행無瞋恨行 · 무진행無盡行 · 이치란행離癡亂行 · 선현행善現行 · 무착행無着行 · 존중행尊重行 · 선법행善法行 · 진실행眞實行이다.

29) 십회향행+迴向行을 보이다

여 보 안 주 법
如寶安住法과

피 갑 서 원 심
被甲誓願心으로

발 기 어 대 사
發起於大事하야

구 경 무 능 괴
究竟無能壞로다

보배와 같이 법에 머물고

갑옷과 같이 서원하는 마음으로

큰 일을 일으켜서

구경까지 무너지지 않도다.

실로 불법보다 더 값진 보물은 없다. 부처님과 법과 승가를 세 가지 보물, 즉 삼보三寶라 하지만 부처님이 계시고 승가가 있어도 법이 없다면 어떻게 되겠는가. 이 훌륭하고 값진 불법의 보물을 목숨보다도 더 아끼고 보호해야 할 것이다. 그러려면 갑옷을 입은 장수처럼 용맹한 서원의 마음이 있어야 한다. 큰 서원의 마음으로 선근 회향이라는 큰 불사를 일으켜서 끝까지 무너지지 않아야 한다.

득 수 보 리 기
得授菩提記하고

안 주 광 대 심
安住廣大心하야

비 장 무 궁 진
秘藏無窮盡하야

각 오 일 체 법
覺悟一切法이로다

보리의 수기 이미 받았고

광대한 마음에 편안히 머물며

비밀한 갈무리 다함이 없어

모든 법을 다 깨달았도다.

불법을 배워 깨달음[菩提]이 사람마다 본래로 다 갖춰져 있다는 확고한 신념[授記]과 광대한 마음에 안주해야 한다. 그것이 곧 다함이 없는 비밀한 창고이다. 깨달음에 대한 확고한 신념이 있으면 일체 법을 남김없이 깨닫게 된다.

세 지 개 자 재
世智皆自在하고

묘 용 무 장 애
妙用無障礙하야

중 생 일 체 찰
衆生一切刹과

급 이 종 종 법
及以種種法과

세상의 지혜가 모두 자유자재해서

미묘한 작용은 걸림이 없고

중생과 일체 국토와

가지가지 법과

신 원 여 경 계
身願與境界와

지 혜 신 통 등
智慧神通等을

시 현 어 세 간
示現於世間이

무 량 백 천 억
無量百千億이로다

몸과 서원과 경계와

지혜와 신통 등을

세간에 나타내 보이는 것이

한량이 없는 백천억이로다.

보살은 세간의 지혜와 출세간의 지혜가 원만하여 무슨 법이든지 모르는 일이 없고 막힘이 없다. 그래서 미묘한 작용이 무장무애하다. 예컨대 중생과 일체 국토와 가지가지 법과 몸과 서원과 경계와 지혜와 신통 등을 세간에 나타내 보이는 것이 한량이 없는 백천억이다.

유 희 급 경 계
遊戲及境界가

자 재 무 능 제
自在無能制하야

역 무 외 불 공
力無畏不共과

일 체 업 장 엄
一切業莊嚴이로다

유희와 경계가

자재하여 제어할 수 없고

힘과 두려움 없음과 함께하지 않는 법과

일체 업으로 잘 장엄하였도다.

　보살은 중생을 교화하는 유희신통과 그 경계가 한계가
없이 자유자재하다. 그 누구도 제지하거나 제한할 수 없다.
구체적으로는 열 가지 힘과 네 가지 두려움 없음과 열여덟
가지 특별한 법 등으로 일체의 보살업을 잘 장엄하여 모자
람이 없다.

　십회향十廻向을 다시 살펴본다. 역시 보살이 수행하는 계
위階位인 52위位 중에서 제31위에서 제40위까지이다. 10행위

行位를 마치고, 다시 지금까지 닦은 자리自利·이타利他의 여러 가지 행을 일체 중생을 위하여 돌려주는 동시에 이 공덕으로 불과佛果를 향해 나아가 깨달음의 경지에 도달하려는 지위이다.

그 명칭은 구호일체중생이중생상회향救護一切衆生離衆生相廻向·불괴회향不壞廻向·등일체제불회향等一切諸佛廻向·지일체처회향至一切處廻向·무진공덕장회향無盡功德藏廻向·입일체평등선근회향入一切平等善根廻向·등수순일체중생회향等隨順一切衆生廻向·진여상회향眞如相廻向·무박무착해탈회향無縛無着解脫廻向·입법계무량회향入法界無量廻向이다.

30) 십지행十地行을 보이다

제 신 급 신 업	어 급 정 수 어
諸身及身業과	語及淨修語가

이 득 수 호 고	성 판 십 종 사
以得守護故로	成辦十種事로다

모든 몸과 몸의 업과

말과 깨끗이 닦은 말이

수호함을 얻었으므로

열 가지 일을 성취하나니

보살심발심
菩薩心發心하며

급이심주변
及以心周徧이라

제근무산동
諸根無散動하야

획득최승근
獲得最勝根이로다

보살의 마음을 처음 내는 것

마음이 두루 하므로

모든 뿌리가 흔들리지 않아

가장 수승한 뿌리를 얻으며

심심증승심
深心增勝心으로

원리어첨광
遠離於諂誑하고

종종결정해
種種決定解로

보입어세간
普入於世間이로다

깊은 마음과 더 올라가는 마음으로
아첨과 거짓을 멀리 여의고
가지가지 결정한 지혜로
세간에 두루 들어가도다.

사 피 번 뇌 습
捨彼煩惱習하고

취 자 최 승 도
取茲最勝道하야

교 수 사 원 만
巧修使圓滿하야

체 성 일 체 지
逮成一切智로다

저 번뇌의 습기는 버리고
이 가장 수승한 도를 취하여
공교하게 닦아 원만하게 되면
일체 지혜를 성취하리라.

이 퇴 입 정 위
離退入正位하야

결 정 증 적 멸
決定證寂滅하고

출 생 불 법 도
出生佛法道하야

성 취 공 덕 호
成就功德號로다

물러나지 않고 바른 자리 들어가
결정코 적멸을 증득하고
불법의 길에 출생하여
공덕의 이름 성취하도다.

도 급 무 량 도　　　　내 지 장 엄 도
道及無量道와　　　　**乃至莊嚴道**에

차 제 선 안 주　　　　실 개 무 소 착
次第善安住호대　　　　**悉皆無所着**이로다

도道와 한량없는 도道와
그리고 장엄하는 도까지
차례차례 편안히 머물되
모두 다 집착하는 바 없도다.

수 족 급 복 장　　　　금 강 이 위 심
手足及腹藏에　　　　**金剛以爲心**하고

피 이 자 애 갑　　　　구 족 중 기 장
被以慈哀甲하야　　　　**具足衆器仗**이로다

손과 발과 복장腹藏과

금강으로 마음이 되어

자비의 갑옷을 입고

온갖 무기를 다 갖추었도다.

지 수 명 달 안
智首明達眼이요

보 리 행 위 이
菩提行爲耳며

청 정 계 위 비
淸淨戒爲鼻하야

멸 암 무 장 애
滅闇無障礙로다

지혜의 머리 밝게 보는 눈

보리의 행은 귀가 되고

청정한 계율은 코가 되어

어둠을 소멸하여 장애 없도다.

변 재 이 위 설
辯才以爲舌이요

무 처 부 지 신
無處不至身이며

최 승 지 위 심
最勝智爲心이요

행 주 수 제 업
行住修諸業이며

도 량 사 자 좌　　　　범 와 공 위 주
道場獅子坐요　　**梵臥空爲住**로다

변재는 혀가 되며

안 가는 데 없는 몸

가장 수승한 지혜는 마음이 되어

행하고 머물며 온갖 업을 닦나니

도량의 사자좌에 앉아

청정하게 눕고 공으로 머물도다.

　십지에서 밝히는 온갖 법을 간략히 설하면서 끝에 이르러 보살의 안이비설신의眼耳鼻舌身意 육근과 행주좌와行住坐臥의 네 가지 위의의 의미를 설하였다.

　십지十地를 다시 살펴보면, 십지란 보살이 수행하는 계위階位인 52위位 중 제41위로부터 제50위까지이다. 이 10위는 불지佛智를 생성生成하고, 능히 주지住持하여 움직이지 아니하며, 온갖 중생을 짊어지고 교화하여 이익하게 하는 것이 마치 대지大地가 만물을 싣고 이를 윤익潤益함과 같으므로 지地라 이른다.

　① 환희지歡喜地는 처음으로 참다운 중도지中道智를 내어

불성佛性의 이치를 보고, 견혹見惑을 끊으며 능히 자리

이타하여 진실한 희열에 가득 찬 지위이다.

② 이구지離垢地는 수혹修惑을 끊고 범계犯戒의 더러움을 제

하여 몸을 깨끗하게 하는 지위이다.

③ 발광지發光地는 수혹을 끊어 지혜의 광명이 나타나는

지위이다.

④ 염혜지焰慧地는 수혹을 끊어 지혜가 더욱 치성한 지위

이다.

⑤ 난승지難勝地는 수혹을 끊고 진지眞智 · 속지俗智를 조

화하는 지위이다.

⑥ 현전지現前智는 수혹을 끊고 최승지最勝智를 내어 무위

진여無爲眞如의 모양이 나타나는 지위이다.

⑦ 원행지遠行智는 수혹을 끊고 대비심을 일으켜 2승의

오悟를 초월하여 광대무변한 진리 세계에 이르는 지위

이다.

⑧ 부동지不動地는 수혹을 끊고 이미 온전한 진여를 얻었

으므로 다시 동요되지 않는 지위이다.

⑨ 선혜지善慧地는 수혹을 끊어 부처님의 10력力을 얻고,

기류機類에 대하여 교화의 가부可否를 알아 공교하게 설법하는 지위이다.

⑩ 법운지法雲地는 수혹을 끊고 끝없는 공덕을 구비하고서 사람에 대하여 이익되는 일을 행하여 큰 자비의 구름이 되는 지위이다.

이를 보시·지계·인욕·정진·선정·지혜·방편·원·역力·지智의 십바라밀에 배대하기도 한다.

31) 원만행圓滿行을 보이다

소 행 급 관 찰
所行及觀察하고

보 조 여 래 경
普照如來境하며

변 관 중 생 행
偏觀衆生行하고

분 신 급 효 후
奮迅及哮吼로다

행하는 일과 관찰로
여래의 경계 두루 비추며
중생의 행을 두루 살피고
맹렬한 힘을 내어 사자후하도다.

원만행이란 자각自覺과 각타覺他가 원만한 것을 이르며, 그 지위는 등각과 묘각이 원만한 지위가 되기도 한다.

이 탐 행 정 시
離貪行淨施하며

사 만 지 정 계
捨慢持淨戒하며

부 진 상 인 욕
不瞋常忍辱하며

불 해 항 정 진
不懈恒精進하며

탐욕 떠나 청정하게 보시 행하며

교만 버리고 계율 가지며

성내지 않고 욕된 일 참고

게으르지 않고 항상 노력해

선 정 득 자 재
禪定得自在하며

지 혜 무 소 행
智慧無所行하며

자 제 비 무 권
慈濟悲無倦하며

희 법 사 번 뇌
喜法捨煩惱하야

선정을 닦아 맘대로 되고

청정한 지혜로 행함이 없어

인자하게 제도하고 가엾이 여기어
법에 기쁘고 번뇌 버리도다.

보시와 지계와 인욕과 정진과 선정과 지혜의 육바라밀을
잘 닦고, 다시 자비희사의 네 가지 한량없는 마음을 잘 수행
함을 밝혔다.

어 제 경 계 중
於諸境界中에

지 의 역 지 법
知義亦知法하며

복 덕 실 성 만
福德悉成滿하야

지 혜 여 리 검
智慧如利劍이로다

모든 경계 가운데서
뜻을 알고 법을 알며
복덕을 모두 다 원만히 이루고
지혜는 날카로운 칼과 같도다.

복덕과 지혜를 원만히 하는 것이 불교 수행의 이상이다.
그래서 부처님을 복덕과 지혜를 다 갖춘 분[兩足尊]이라고 하

는 것이다.

보 조 낙 다 문
普照樂多聞하야

명 료 취 향 법
明了趣向法하며

지 마 급 마 도
知魔及魔道하야

서 원 함 사 리
誓願咸捨離로다

널리 비추어 즐겁게 많이 듣고

밝게 알고 법에 나아가며

마魔를 알고 마의 길 알아

모두 다 버리기를 서원하도다.

불법은 그야말로 큰 바다와 같이 넓고 또 넓다. 어느 한 곳에 치우치지 말고 마음을 넓게 비추어 많이 듣고 많이 보아야 한다. 요즘에는 인터넷이나 방송 매체들이 잘 발달되어 있어서 널리 보고 많이 듣기가 얼마든지 가능하다. 그래서 널리 보고 많이 들어서 밝게 알아 법에 나아가야 한다. 만약 정법이 아니라면 설사 마군의 가르침이 아니라 하더라도 버리기를 서원하여야 한다.

견 불 여 불 업
見佛與佛業하고

발 심 개 섭 취
發心皆攝取하며

이 만 수 지 혜
離慢修智慧하야

불 위 마 력 지
不爲魔力持로다

부처님과 부처님의 업을 보고

발심하여 모두 다 거두어 들이며

교만을 여의고 지혜를 닦아

마군의 힘에 붙들리지 않도다.

위 불 소 섭 지
爲佛所攝持하며

역 위 법 소 지
亦爲法所持하야

부처님에게 붙들린 바 되고

또한 법에 붙들린 바 되도다.

보살은 오로지 부처님을 보고 부처님의 업인 정법의 가르침을 들어서 발심하여 모두 섭취하여 가진다. 정법에 발심하면 저절로 교만은 사라지고 지혜는 늘어나게 된다. 어찌 마의 힘에 붙들릴 수 있겠는가.

현 주 도 솔 천
現住兜率天하며

우 현 피 명 종
又現彼命終하며

시 현 주 모 태
示現住母胎하며

역 현 미 세 취
亦現微細趣하며

도솔천에 머물러 있음을 나타내며

또한 거기에서 목숨이 마치는 것을 나타내며

어머니 태에 머무름도 나타내 보이고

또한 미세한 길에 나아감도 나타내느니라.

현 생 급 미 소
現生及微笑하며

역 현 행 칠 보
亦現行七步하며

시 수 중 기 술
示修衆技術하며

역 시 처 심 궁
亦示處深宮하며

탄생함을 보이고 미소 지으며

또 일곱 걸음 걷는 것을 나타내고

온갖 여러 가지 기술을 배우기도 하고

또한 깊은 궁전에 있음을 보이기도 하도다.

출 가 수 고 행　　　　　왕 예 어 도 량
出家修苦行하여　　　**往詣於道場**하며

단 좌 방 광 명　　　　　각 오 제 군 생
端坐放光明하야　　　**覺悟諸群生**하며

집을 떠나서 고행을 닦고

도량에 나아가서는

단정히 앉아 광명을 놓아

모든 중생을 깨닫게 하며

항 마 성 정 각　　　　　전 무 상 법 륜
降魔成正覺하야　　　**轉無上法輪**하며

소 현 실 이 종　　　　　입 어 대 열 반
所現悉已終에　　　　**入於大涅槃**이로다

마魔를 항복받고 정각을 이루어

위없는 법륜法輪을 굴리며

이러한 일들이 다 끝난 뒤에는

큰 열반에 들어가시도다.

부처님이 보살로서 살아온 생애를 간략히 밝혔다. 아무

리 후기에 발달한 대승보살불교라 하더라도 불교의 근본은 석가모니의 생애에서 시작한다. 석가모니의 생애를 떠나서는 어떤 불교도 상상할 수 없다. 그래서 혹은 간략히 혹은 자세히 보살로서의 생애를 밝히는 것이다.

먼저 도솔천에 머물러 계시다가 그곳에서 목숨을 마치시고 신명神命을 내려 정반왕궁 마야부인의 모태에 들어 온갖 미세한 현상을 나타내기도 하며, 태어나서 미소를 지으며, 일곱 걸음을 걸어 보이기도 하였다. 동자로 세상에 살면서 세상 사람들이 익히는 별의별 학문과 기술을 익히고, 깊은 궁전 안에서의 호화로운 생활도 하였다. 그러다가 뜻한 바 있어서 출가하시고 6년간 고행을 닦고는 보리도량에 나아가서 7일간 깊은 선정에 들었다. 그 모습은 얼마나 근사하고 훌륭하였을까. 그 모습을 보는 이는 모두 다 감동을 받고 깨달은 바가 있었다.

비로소 마군을 항복받고 정각을 이루어 무상법륜을 굴리기 시작하여 49년이란 긴 세월 동안 하루도 편안한 날 없이 인생과 세상에 대해 참다운 이치를 모르는 어리석은 중생을 가르치시었다. 이러한 일들을 다 마치고는 드디어 대열반에 들어 한 생애를 끝내시었다. 이것이 곧 원만한 삶을 나타내 보인 것이다.

32) 보살행을 보이다

피 제 보 살 행
彼諸菩薩行을

무 량 겁 수 습
無量劫修習하야

광 대 무 유 변
廣大無有邊하니

아 금 설 소 분
我今說少分이로다

저 모든 보살의 행을

한량없는 세월 동안 닦고 또 닦아

광대하여 그지없나니

내가 이제 조금만 설하였도다.

보살행이 얼마나 많을까. 그 많은 모든 보살행을 한량없는 세월 동안 닦고 또 닦으니 실로 광대무변하다. 팔만장경이라 한들 다 설명할 수 있겠는가.

33) 세계가 자재하다

수 령 무 량 중	안 주 불 공 덕
雖令無量衆으로	安住佛功德이나
중 생 급 법 중	필 경 무 소 취
衆生及法中엔	畢竟無所取로다

비록 한량없는 중생들로 하여금

부처님의 공덕에 머물게 하지만

중생이나 법에는

끝까지 집착하는 바 없도다.

보살이 한량없는 중생을 교화하여 모두 부처님의 공덕에 머물게 하지만 중생이나 공덕의 법에는 끝까지 집착하는 바가 없다. 그러므로 세계가 자유자재함을 나타내 보인다.

구 족 여 시 행	유 희 제 신 통
具足如是行하야	遊戲諸神通호대
모 단 치 중 찰	경 어 억 천 겁
毛端置衆刹하고	經於億千劫이로다

이와 같은 행을 갖추어

모든 신통에 유희하면서

한 털끝에 수많은 세계를 올려놓고

억천 겁을 지내도다.

보살이 한량없는 중생을 교화하여 부처님의 공덕에 머물게 하지만 아무런 집착이 없는 행으로 모든 신통에 유희한다. 중생도 부처님의 공덕도 모두 근본이 텅 비어 걸림이 없으므로 한 털끝에 수많은 세계를 올려놓고 억천 겁을 지내도 아무런 어려움이 없다.

장 지 무 량 찰
掌持無量刹하고

변 왕 신 무 권
徧往身無倦하며

환 래 치 본 처
還來置本處호대

중 생 부 지 각
衆生不知覺이로다

한량없는 세계를 손바닥에 올려놓고

두루두루 돌아다녀도 피곤함을 모르고

본래의 장소에 다시 가져다 놓아도

중생들은 알지 못하도다.

보살은 일체가 텅 비어 공적한 경지에 들었으므로 세계가 자재하고 세계가 자재하므로 한량없는 세계를 손바닥에 올려놓고 두루두루 돌아다녀도 피곤함을 모른다. 다시 그 세계들을 본래의 장소에 가져다 놓아도 그 세계에 사는 중생들은 전혀 알지 못한다.

보 살 이 일 체
菩薩以一切

종 종 장 엄 찰
種種莊嚴刹로

치 어 일 모 공
置於一毛孔하야

진 실 실 영 견
眞實悉令見하며

보살이 일체 모든
가지가지로 장엄한 세계를
들어서 모공에 두고
그 진실을 다 보게 하도다.

부 이 일 모 공
復以一毛孔으로

보 납 일 체 해
普納一切海호대

대 해 무 증 감
大海無增減하고

중 생 불 요 해
衆生不嬈害로다

다시 또 한 모공에
모든 바다를 다 넣어도
큰 바다는 늘지도 줄지도 않고
중생들도 방해되지 않도다.

보살이 모든 것이 텅 비어 공적한 이치로 한량없이 아름답게 장엄한 무수한 세계를 가져다 모공에 두고, 다시 또 모공에다 모든 바다를 다 집어넣어도 그 바다는 늘어나거나 줄어들지 않는다. 또 중생들에게도 전혀 방해되지 않는다. 이것이 보살의 세계가 자재함이다.

34) 삼업三業이 자재하다

무 량 철 위 산
無量鐵圍山을

수 집 쇄 위 진
手執碎爲塵하야

일 진 하 일 찰　　　　　　진 차 제 진 수
一塵下一刹하야　　　**盡此諸塵數**하고

한량없는 모든 철위산을

손으로 부수어 먼지를 만들고

한 먼지를 세계에 떨치어

그 모든 먼지 다하게 하고

이 차 제 진 찰　　　　　　부 갱 말 위 진
以此諸塵刹로　　　　**復更抹爲塵**이라도

여 시 진 가 지　　　　　　보 살 지 난 량
如是塵可知어니와　　**菩薩智難量**이로다

이 많은 먼지가 떨어진 세계를

다시 모두 부수어 먼지를 만들어

이와 같은 많은 먼지를 다 안다 하여도

보살의 지혜는 측량하지 못하도다.

보살의 몸이 자재하고, 말씀이 자재하고, 마음의 지혜가 자재함을 밝혔다. 먼저 보살의 지혜가 자재하여 측량할 수 없음을 설하였다.

어 일 모 공 중
於一毛孔中에

방 무 량 광 명
放無量光明하야

일 월 성 수 광
日月星宿光과

마 니 주 화 광
摩尼珠火光과

한 모공 속에서

한량없는 광명을 놓아

해와 달과 별들의 빛과

마니구슬의 빛과 불빛들이며

급 이 제 천 광
及以諸天光을

일 체 개 영 폐
一切皆暎蔽하야

멸 제 악 도 고
滅諸惡道苦하고

위 설 무 상 법
爲說無上法이로다

저 모든 하늘의 광명까지

모두를 다 가려 버리며

모든 삼악도의 고통 모두 없애고

위없는 법문을 연설하도다.

보살의 모공의 광명은 세상 어떤 광명도 다 가려 버린다.

그와 같은 모공의 광명으로 일체 삼악도의 고통을 모두 소멸하고 일체 중생을 위하여 가장 높은 법을 연설한다. 보살의 몸의 업이 자재한 것을 밝혔다.

일 체 제 세 간
一切諸世間의

종 종 차 별 음
種種差別音을

보 살 이 일 음
菩薩以一音으로

일 체 개 능 연
一切皆能演하나니

일체 모든 세간의

가지가지 차별한 소리를

보살의 한 가지 음성으로

모두 다 연설하나니

결 정 분 별 설
決定分別說

일 체 제 불 법
一切諸佛法하야

보 사 제 군 생
普使諸群生으로

문 지 대 환 희
聞之大歡喜로다

결정하게 분별하여서

일체 모든 부처님의 법을 연설하여

널리 모든 중생들로 하여금

듣고는 크게 기쁘게 하도다.

보살의 어업이 자재한 것을 밝혔다. 일체 모든 세간의 가
지가지 차별한 소리를 보살은 한 가지 음성으로 일체 모든
불법을 모두 다 연설한다. 그래서 모든 중생들로 하여금 법
을 듣고는 크게 기쁘게 한다.

35) 삼세三世가 자재하다

과 거 일 체 겁
過去一切劫을

안 치 미 래 금
安置未來今하며

미 래 현 재 겁
未來現在劫을

회 치 과 거 세
廻置過去世로다

과거의 모든 겁을

미래와 현재에 옮겨 두고

미래와 현재의 겁을

과거의 세상에 돌려 두도다.

시현무량찰
示現無量刹의

소연급성주
燒然及成住하야

일체제세간
一切諸世間이

실재일모공
悉在一毛孔이로다

한량없는 세계가 불타고

이뤄지고 머무는 일과

일체 모든 세간이

모두 한 모공에 있음을 나타내 보이도다.

거래급현재
去來及現在의

일체시방불
一切十方佛이

미불어신중
靡不於身中에

분명이현현
分明而顯現이로다

과거 미래 현재의

일체 시방 부처님이

몸 가운데 분명하게

나타나지 않음이 없도다.

과거 현재 미래가 서로서로 섭입攝入하여 자유자재함을 밝혔다. 과거의 모든 겁을 미래와 현재에 옮겨 두고, 미래와 현재의 겁을 과거의 세상에 돌려 두어도 걸림이 없다. 또 한량없는 세계가 무너지고 이뤄지고 머물고 하는 등의 일이 한 모공에 다 있다.

36) 몸의 지혜가 자재하다

심 지 변 화 법
深知變化法하고

선 응 중 생 심
善應衆生心하야

시 현 종 종 신
示現種種身호대

이 개 무 소 착
而皆無所着이로다

변화하는 법을 깊이 알고
중생들 마음에 잘 응하며
가지가지 몸을 나타내지만
모두 다 집착이 없도다.

혹 현 어 육 취 　　　일 체 중 생 신
或現於六趣의 　　**一切衆生身**과

석 범 호 세 신 　　　제 천 인 중 신
釋梵護世身과 　　**諸天人衆身**과

혹은 여섯 갈래의

일체 중생의 몸을 나타내며

제석과 범천과 사천왕의 몸과

모든 천인의 몸도 나타내며

성 문 연 각 신 　　　제 불 여 래 신
聲聞緣覺身과 　　**諸佛如來身**하며

혹 현 보 살 신 　　　수 행 일 체 지
或現菩薩身하야 　　**修行一切智**하며

성문의 몸과 연각의 몸과

모든 부처님의 몸도 나타내고

혹은 보살의 몸도 나타내어

일체 지혜를 닦아 행하며

선 입 연 중 상 　　　　　중 생 제 상 망
善入軟中上인　　**衆生諸想網**하며

시 현 성 보 리 　　　　　급 이 제 불 찰
示現成菩提와　　**及以諸佛刹**하며

상중하 중생들의

모든 생각 그물에 잘 들어가

보리를 이루는 일과

부처님 세계를 나타내 보이며

요 지 제 상 망 　　　　　어 상 득 자 재
了知諸想網하야　　**於想得自在**하고

시 수 보 살 행 　　　　　일 체 방 편 사
示修菩薩行하는　　**一切方便事**로다

모든 생각의 그물을 알지만

생각에 자유자재해

보살의 행과

일체 방편을 닦아 보이도다.

지옥과 아귀와 축생과 인도와 천도와 아수라 등 육취 중생의 몸을 나타내고, 제석과 범천과 사천왕의 몸도 나타내고, 성문의 몸과 연각의 몸과 모든 부처님의 몸도 나타내고, 혹은 보살의 몸도 나타내어 자유자재하게 보살의 행과 일체 방편을 닦아 보인다.

37) 측량하기 어려움을 보이다

시 현 여 시 등
示現如是等이

광 대 제 신 변
廣大諸神變하니

여 시 제 경 계
如是諸境界를

거 세 막 능 지
擧世莫能知로다

이와 같은 등
광대한 신통과 변화를 보이지만
이와 같은 모든 경계를
온 세상은 알지 못하도다.

수 현 무 소 현
雖現無所現하야

구 경 전 증 상
究竟轉增上이라

수 순 중 생 심
隨順眾生心하야

영 행 진 실 도
令行眞實道하니

신 어 급 여 심
身語及與心이

평 등 여 허 공
平等如虛空이로다

비록 나타내어도 나타내는 것 없고

끝까지 점점 더 나아가

중생들의 마음을 수순하여

진실한 도를 행하게 하나니

몸과 말과 마음이

평등하기가 허공과 같도다.

광대한 신통과 변화를 나타내 보이지만 이와 같은 모든 경계를 온 세상이 알지 못하는 것은 비록 나타내어도 나타내는 것이 없기 때문이다. 그와 같이 중생들의 마음을 수순하여 진실한 도를 행하게 하지만 몸과 말과 마음이 평등하기가 허공과 같다.

38) 사事에 의탁하여 법을 표하다

정 계 위 도 향	중 행 위 의 복
淨戒爲塗香하고	**衆行爲衣服**하며

법 증 엄 정 계	일 체 지 마 니
法繪嚴淨髻하고	**一切智摩尼**로다

청정한 계율은 바르는 향이요

여러 가지 수행은 의복이며

법의 비단은 잘 장엄한 상투며

일체 지혜는 마니보배로다.

보살이 법의 전륜성왕이 되어 세상에 마음껏 군림하는 모습을 천하를 호령하는 천자의 모습에 견주어 밝혔다. 불교의 모든 가르침은 인간이 상상할 수 있는 가장 이상적인 인물인 보살을 나타내어 모든 사람들이 보살을 따르고 보살을 닮아 가려는 것으로 설해진 것이라고 할 수 있다. 화엄경의 가르침에서는 그와 같은 보살의 인품이 더욱 분명하게 나타났으며 그 가운데 이세간 일품은 그와 같은 의도가 더욱 확실하다고 하겠다. 이세간 일품 중에서도 마지막 길고 긴 게송에서 보살의 모습은 더욱 뚜렷하다. 이제 게송이 끝을 맺으면서 다시 한 번 보살의 모습을 그려 본다.

공 덕 미 부 주
功德靡不周하야

관 정 승 왕 위
灌頂昇王位하니

바 라 밀 위 륜
波羅蜜爲輪하고

제 통 이 위 상
諸通以爲象하며

공덕이 두루 하여
정수리에 물 부어 왕위에 오르니
바라밀다는 수레바퀴가 되고
모든 신통은 코끼리 되며

신 족 이 위 마
神足以爲馬하고

지 혜 위 명 주
智慧爲明珠하며

묘 행 위 채 녀
妙行爲婇女하고

사 섭 주 장 신
四攝主藏臣하며

마음대로 다니는 것은 말[馬]이요
지혜는 밝은 구슬이라

묘한 행은 채녀가 되고

사섭법四攝法은 곳간지기 신하라.

방 편 위 주 병
方便爲主兵하고

보 살 전 륜 왕
菩薩轉輪王이며

삼 매 위 성 곽
三昧爲城郭하고

공 적 위 궁 전
空寂爲宮殿하며

방편으로 군사를 맡고

보살의 전륜성왕

삼매는 성곽이요

공적한 것은 궁전이니

자 갑 지 혜 검
慈甲智慧劍이요

염 궁 명 리 전
念弓明利箭이며

고 장 신 력 개
高張神力蓋하고

형 건 지 혜 당
迴建智慧幢하며

자비의 갑옷과 지혜의 칼

생각은 활, 밝음은 날카로운 화살

신통력의 일산日傘을 높이 받들고

지혜의 당기幢旗 멀리 세우며

인 력 부 동 요   직 파 마 왕 군
忍力不動搖하야   **直破魔王軍**하며

총 지 위 평 지   중 행 위 하 수
總持爲平地하고   **衆行爲河水**하며

참는 힘이 동요하지 않아서

마의 군중 곧바로 깨뜨리며

다라니는 평지가 되고

여러 가지 수행은 강물이 되며

정 지 위 용 천   묘 혜 작 수 림
淨智爲涌泉하고   **妙慧作樹林**하며

공 위 징 정 지   각 분 함 담 화
空爲澄淨池요   **覺分菌萏華**며

맑은 지혜는 솟아나는 샘물이요

묘한 슬기는 울창한 숲이라

공한 것은 맑은 연못이 되어

깨달음의 연꽃 아름답게 피었으니

신 력 자 장 엄
神力自莊嚴하고

삼 매 상 오 락
三昧常娛樂하며

사 유 위 채 녀
思惟爲婇女하고

감 로 위 미 식
甘露爲美食하며

해 탈 미 위 장
解脫味爲漿하고

유 희 어 삼 승
遊戲於三乘이로다

신통과 힘 스스로 장엄하고

삼매로는 항상 오락을 삼아

생각함은 채녀가 되고

감로의 법은 맛있는 음식이라

해탈의 맛이 마실 것이 되어

삼승三乘으로 유희하도다.

보살의 지혜와 자비와 원력과 교화와 신통과 삼매의 아름다운 행을 표현할 수 있는 데까지 표현해 보았다. 그러나 어찌 이와 같은 표현으로 보살을 다 그려 낼 수 있겠는가. 아마도 억만 분의 일도 그려 내지 못했을 것이다. 나머지 길고 긴 설명은 행간 사이에 있으니 독자가 찾아 읽어야 할 줄 안다.

39) 보살의 행이 깊고 넓음을 모두 맺다

차 제 보 살 행　　　　미 묘 전 증 상
此諸菩薩行이　　　**微妙轉增上**하야

무 량 겁 수 행　　　　기 심 불 염 족
無量劫修行호대　　**其心不厭足**이로다

이 모든 보살의 행이
미묘하고 더욱 늘어나
무량겁에 수행해도
그 마음 싫지 않도다.

앞에서 그려 본 보살의 온갖 아름다운 행은 미묘하기 이를 데 없으며 더욱 더 자꾸만 늘어난다. 그러나 아무리 늘어

나고 많아져도 보살행을 닦는 마음은 조금도 싫지 않아 영
원히 이어 간다.

공 양 일 체 불
供養一切佛하고

엄 정 일 체 찰
嚴淨一切刹하야

보 령 일 체 중
普令一切衆으로

안 주 일 체 지
安住一切智로다

모든 부처님께 공양하며

모든 세계를 장엄하여

널리 일체 중생으로 하여금

일체 지혜에 머물게 하도다.

아름다운 보살행을 다시 한번 요약하여 정리하면 모든
부처님께 공양하며 모든 세계를 장엄하여 널리 일체 중생으
로 하여금 일체 지혜에 머물게 하는 것이다.

일 체 찰 미 진
一切剎微塵도

실 가 지 기 수
悉可知其數며

일 체 허 공 계
一切虛空界도

일 사 가 탁 량
一沙可度量이며

일체 세계의 작은 먼지도

그 수효를 모두 다 알고

일체 허공계와

모래 한 알까지 헤아려 알며

일 체 중 생 심
一切衆生心도

염 념 가 수 지
念念可數知어니와

불 자 제 공 덕
佛子諸功德은

설 지 불 가 진
說之不可盡이로다

일체 중생의 모든 마음

생각 생각마다 세어 다 안다 해도

불자의 모든 공덕은

다 설할 수 없도다.

보살의 모든 공덕을 헤아릴 수 없음을 밝혔다. 비록 일체 세계의 작은 먼지 수효를 헤아려 모두 다 알고, 일체 허공계와 허공계의 모래 한 알까지 헤아려 알며, 일체 중생의 모든 마음 생각 생각마다 헤아려 다 안다 하여도 보살의 모든 공덕은 다 설할 수 없다.

40) 배우기를 권하다

욕 구 차 공 덕
欲具此功德과

급 제 상 묘 법
及諸上妙法하며

욕 사 제 중 생
欲使諸衆生으로

이 고 상 안 락
離苦常安樂하며

이러한 큰 공덕과

모든 미묘한 법 갖추어서

모든 중생들로 하여금

괴로움을 떠나 항상 안락하게 하며

욕 령 신 어 의
欲令身語意로

실 여 제 불 등
悉與諸佛等인댄

응 발 금 강 심
應發金剛心하야

학 차 공 덕 행
學此功德行이어다

몸과 말과 뜻으로 하여금

부처님과 같고자 하려면

응당 금강과 같은 마음을 내어

이러한 공덕행을 배울지니라.

위에서 설명한 보살의 크나큰 공덕과 모든 미묘한 법을 다 갖추어서 모든 중생들로 하여금 괴로움을 떠나고 항상 안락하게 하며, 몸과 말과 뜻으로 하여금 부처님과 같게 하고자 하려면 응당 금강과 같은 굳센 마음을 내어 이러한 공덕의 행을 부지런히 배우고 닦는 것뿐이다.

세간에서 살되 세간을 떠나 있는 자세로 살고, 세간을 떠나 있으나 항상 세간 속에서 중생과 더불어 생사고락을 같이하는 자세로 사는 것, 즉 연꽃과 같은 보살의 삶을 사는 길을 가르친 이세간품을 모두 설하여 마쳤다.

이세간품 7 끝

〈제59권 끝〉

華嚴經 構成表

分次	周次		內容	品數	會次
舉果勸樂生信分 (信)	所信因果周		如來依正	世主妙嚴品 第一 如來現相品 第二 普賢三昧品 第三 世界成就品 第四 華藏世界品 第五 毘盧遮那品 第六	初會
修因契果生解分 (解)	差別因果周	差別因	十信	如來名號品 第七 四聖諦品 第八 光明覺品 第九 菩薩問明品 第十 淨行品 第十一 賢首品 第十二	二會
			十住	昇須彌山頂品 第十三 須彌頂上偈讚品 第十四 十住品 第十五 梵行品 第十六 初發心功德品 第十七 明法品 第十八	三會
			十行	昇夜摩天宮品 第十九 夜摩天宮偈讚品 第二十 十行品 第二十一 十無盡藏品 第二十二	四會
			十廻向	昇兜率天宮品 第二十三 兜率宮中偈讚品 第二十四 十廻向品 第二十五	五會
			十地	十地品 第二十六	六會
			等覺	十定品 第二十七 十通品 第二十八 十忍品 第二十九 阿僧祇品 第三十 如來壽量品 第三十一 菩薩住處品 第三十二	七會
		差別果	妙覺	佛不思議法品 第三十三 如來十身相海品 第三十四 如來隨好光明功德品 第三十五	
	平等因果周	平等因		普賢行品 第三十六	
		平等果		如來出現品 第三十七	
托法進修成行分 (行)	成行因果周		二千行門	離世間品 第三十八	八會
依人證入成德分 (證)	證入因果周		證果法門	入法界品 第三十九	九會

會場	放光別	會主	入定別	說法別舉
菩提場	遮那放齒光眉間光	普賢菩薩為會主	入毘盧藏身三昧	如來依正法
普光明殿	世尊放兩足輪光	文殊菩薩為會主	此會不入定． 信未入位故	十信法
忉利天宮	世尊放兩足指光	法慧菩薩為會主	入無量方便三昧	十住法門
夜摩天宮	如來放兩足趺光	功德林菩薩為會主	入菩薩善思惟三昧	十行法門
兜率天宮	如來放兩膝輪光	金剛幢菩薩為會主	入菩薩智光三昧	十迴向法門
他化天宮	如來放眉間毫相光	金剛藏菩薩為會主	入菩薩大智慧光明三昧	十地法門
再會普光明殿	如來放眉間口光	如來為會主	入剎那際三昧	等妙覺法門
三會普光明殿	此會佛不放光． 表行依解法依解光故	普賢菩薩為會主	入佛華莊嚴三昧	二千行門
祇陀園林	放眉間白毫光	如來善友為會主	入獅子頻申三昧	果法門

如天 無比

1943년 영덕에서 출생하였다. 1958년 출가하여 덕흥사, 불국사, 범어사를 거쳐 1964년 해인사 강원을 졸업하고 동국역경연수원에서 수학하였다. 10여 년 선원생활을 하고 1976년 탄허스님에게 화엄경을 수학하고 전법, 이후 통도사 강주, 범어사 강주, 은해사 승가대학원장, 대한불교조계종 교육원장, 동국역경원장, 동화사 한문불전승가대학원장 등을 역임하였다.

현재 부산 문수선원 문수경전연구회에서 200여 명의 스님과 300여 명의 재가 신도들에게 화엄경을 강의하고 있다. 또한 다음 카페 '염화실 (http://cafe.daum.net/yumhwasil)을 통해 '모든 사람을 부처님으로 받들어 섬김으로써 이 땅에 평화와 행복을 가져오게 한다.'는 인불사상(人佛思想)을 펼치고 있다.

저서로『무비스님이 풀어 쓴 김시습의 법성게 선해』,『법화경 법문』,『신금강경 강의』,『직지 강설』(전 2권),『법화경 강의』(전 2권),『신심명 강의』,『임제록 강설』,『대승찬 강설』,『유마경 강설』,『당신은 부처님』,『사람이 부처님이다』, 『이것이 간화선이다』,『무비 스님과 함께하는 불교공부』,『무비 스님의 증도가 강의』,『일곱 번의 작별인사』, 무비 스님이 가려 뽑은 명구 100선 시리즈(전 4권) 등이 있고 편찬하고 번역한 책으로『화엄경(한글)』(전 10권),『화엄 경(한문)』(전 4권),『금강경 오가해』등이 있다.

대방광불화엄경 강설 제59권

| 초판 1쇄 발행_ 2017년 5월 3일
| 초판 2쇄 발행_ 2018년 12월 14일

| 지은이_ 여천 무비(如天 無比)
| 펴낸이_ 오세룡
| 편집_ 박성화 손미숙 정선경 이연희
| 기획_ 최은영 권미리
| 디자인_ 고혜정 김효선 장혜정
| 홍보 마케팅_ 이주하
| 펴낸곳_ 담앤북스
　　　　서울특별시 종로구 새문안로3길 23 경희궁의 아침 4단지 805호
　　　　대표전화 02)765-1251 전송 02)764-1251 전자우편 damnbooks@hanmail.net
　　　　출판등록 제300-2011-115호
| ISBN 979-11-87362-78-4 04220

정가 14,000원